INTRODUÇÃO À ANTROPOLOGIA

Conselho Acadêmico
Ataliba Teixeira de Castilho
Carlos Eduardo Lins da Silva
Carlos Fico
Jaime Cordeiro
José Luiz Fiorin
Tania Regina de Luca

Proibida a reprodução total ou parcial em qualquer mídia
sem a autorização escrita da editora.
Os infratores estão sujeitos às penas da lei.

A Editora não é responsável pelo conteúdo deste livro. O Autor conhece os fatos narrados, pelos quais é responsável, assim como se responsabiliza pelos juízos emitidos.

Consulte nosso catálogo completo e últimos lançamentos em **www.editoracontexto.com.br**.

Igor José de Renó Machado

INTRODUÇÃO À ANTROPOLOGIA

Copyright © 2022 do Autor

Todos os direitos desta edição reservados à Editora Contexto
(Editora Pinsky Ltda.)

Montagem de capa e diagramação
Gustavo S. Vilas Boas

Preparação de textos
Lilian Aquino

Revisão
Mariana Cardoso

Dados Internacionais de Catalogação na Publicação (CIP)

Machado, Igor José de Renó
Introdução à antropologia / Igor José de Renó Machado. –
São Paulo : Contexto, 2023.
160 p.

Bibliografia
ISBN 978-65-5541-211-6

1. Antropologia I. Título

23-0507   CDD 306

Angélica Ilacqua – Bibliotecária – CRB-8/7057

Índice para catálogo sistemático:
1. Antropologia

2023

Editora Contexto
Diretor editorial: *Jaime Pinsky*

Rua Dr. José Elias, 520 – Alto da Lapa
05083-030 – São Paulo – SP
PABX: (11) 3832 5838
contato@editoracontexto.com.br
www.editoracontexto.com.br

Sumário

Introdução 7

AULA 1
Pré-antropologia 11

AULA 2
Montaigne e a comparação pessimista.
Rousseau, antes da sociedade e depois 31

AULA 3
A América e formação do outro: poder e representações 51

AULA 4
O caso tupinambá e a América 69

AULA 5
Evolucionismo: perspectivas e considerações 87

AULA 6
Difusionismo como alternativa 107

AULA 7
Boas e o conceito de cultura 129

Autores citados e informações biográficas 145
Notas 151
Bibliografia 153
O autor 157

Introdução

Neste livro apresento um curso de introdução à Antropologia com duas preocupações: uma temática e outra histórica. Em termos históricos, essa introdução abarca principalmente o século XIX e a formação do pensamento antropológico, com foco nos três movimentos intelectuais que moldaram a disciplina: o evolucionismo, o difusionismo e o culturalismo. Embora os três tenham cruzado a fronteira do século XIX para o século XX, apenas o último deles pertence ao que poderíamos chamar de "Antropologia Moderna", justamente pela crítica que fez aos dois movimentos anteriores. Assim, o culturalismo teve e tem vida intensa no século XX e até no XXI. Aqui foco apenas no seu criador principal e rapidamente em algumas das suas principais alunas.

As aulas apresentadas nesta obra introduzem as questões fundamentais para a organização da disciplina antropológica, lançadas ainda no século XIX: entre elas, os conceitos de evolução (depois duramente criticado), de difusão e de cultura. Adentro também uma espécie de análise de questões que podem ser consideradas antropológicas, mesmo que tenham sido pensadas e desenvolvidas antes do século XIX. As aulas 1, 2, 5, 6 e 7 tratam desse arco historiográfico do pensamento antropológico.

Ao mesmo tempo, para uma introdução ao pensamento antropológico, imagino ser fundamental avançar por discussões mais contemporâneas que explicitem o modo de operação da disciplina. Optei, então, por uma discussão temática que ofereça ao leitor um sabor da Antropologia contemporânea, adotando o tema da descrição europeia sobre os povos nativos da América, como uma introdução ao pensamento antropológico. Nas aulas 3 e 4 apresento essa perspectiva, ainda que integrada ao desenvolvimento mais historiográfico do pensamento antropológico. Nesse sentido, avanço por descrições dos nativos americanos desde o século XVI até o final do século XX, como forma de oferecer um vislumbre de como questões antigas (como a temática do canibalismo) foram tratadas pela Antropologia contemporânea.

Este livro apresenta, assim, tanto uma perspectiva rigorosamente historiográfica da formação do pensamento antropológico quanto uma perspectiva da Antropologia contemporânea como fonte de pensamento sobre a diferença. Trata-se de um instrumento importante e produtivo para estudantes, interessados e curiosos a respeito do pensamento antropológico.

Como um curso introdutório e ao contrário de outros livros sobre história da Antropologia, aqui foco apenas no século XIX, com um rápido avanço temático como exemplo das potencialidades do pensamento antropológico.

Esta introdução à Antropologia é fruto da minha experiência como docente na Universidade Federal de São Carlos (UFSCar), onde trabalho desde 2004. Este é o resultado da experiência de anos oferecendo na universidade cursos introdutórios em que busquei atender melhor à questão historiográfica do pensamento e também oferecer uma perspectiva temática que despertasse nos alunos o interesse pela disciplina antropológica.

Espero que seja esta leitura ajude a entender o complexo desenvolvimento de um pensamento sobre a diferença que busca ultrapassar os localismos, racismos e colonialismos tão recorrentes no mundo contemporâneo. Escrevendo na terceira década do século XXI, num momento de avanço de fascismos, preconceitos e intolerâncias de todas as ordens, nunca foi tão necessária a divulgação da perspectiva essencialmente humanista e anti-intolerância da Antropologia, uma espécie de antídoto ao avanço das formas mais perigosas de aversão à diferença do nosso mundo atual.

INTRODUÇÃO

Como é indispensável num livro com intenção claramente didática como este, muitos autores são citados. Entretanto, várias das obras citadas são reedições de livros editados pela primeira vez em tempos passados. Isso causa certa confusão, já que leva o leitor a não situar no tempo exato aqueles autores. Para evitar esse problema, inseri ao final do livro uma pequena lista de informações biográficas básicas de autores citados, com suas datas de nascimento e falecimento. Toda vez que um autor é citado no livro pela primeira vez, o nome aparece em negrito, indicando uma entrada na lista de informações biográficas. Para autores vivos, optamos por não inserir informações, entendendo que essa confusão temporal não é significativa.

AULA 1

Pré-antropologia

A construção de uma história do pensamento antropológico é algo controverso, sujeita a vários desvios, caminhos alternativos e especulações filosóficas. Não há consenso sobre uma linha específica de desenvolvimento linear da Antropologia como a conhecemos hoje. Como indica James Boon (1983), a própria noção de um desenvolvimento do "pensamento antropológico" pode ser questionada. Como as pessoas que produziram os debates acadêmicos que veremos a seguir estavam inseridas em universos muito diferentes, eles foram provocados por outras questões, distintas daquelas que caracterizam a "Antropologia moderna". Como diriam os historiadores, o passado é uma terra estrangeira e para pensar a pré-história da Antropologia é preciso refletir antropologicamente (no sentido presente do termo), como se tratássemos de pensar sobre um mundo completamente diferente.

De certa forma, quando pensamos na Antropologia é como se ela passasse a existir oficialmente apenas a partir de certos debates no século XIX, que levaram à sua inserção acadêmica no final do XIX e começo do XX. Estamos muito tranquilos em determinar esse período, pois ele marca o início do que podemos considerar uma Antropologia profissional: há empregos para aqueles que se dizem parte dessa comunidade, seja na universidade, seja nos museus, seja em lugares variados da estrutura estatal. É como se ela surgisse espontaneamente como conhecimento que identificamos hoje como "ciência da diferença" e o que veio antes interessasse menos: o que importa é a máquina funcionando e menos a história da máquina. Em termos metafóricos é como se nos interessasse o carro andando e menos a história dos meios de locomoção que nos levaram ao automóvel. Passamos a querer saber aonde o automóvel nos leva. Menos o que nos levou ao automóvel.

Mas isso, novamente, não é um problema. É uma característica, talvez uma renúncia muito oportuna a fechar ou congelar uma narrativa de origem específica, como se isso nos levasse ao enfraquecimento da própria Antropologia "moderna". Como se aquilo que nos define, a nossa capacidade de duvidar das narrativas hegemônicas, a busca por "narrativas alternativas" fosse em si esmaecida pela tentativa de construção de uma narrativa hegemônica, do teor que vemos na história de outras ciências, por exemplo.

Assim, temos uma espécie de nevoeiro a cobrir nossas origens, e em determinados momentos algumas obras ou autores aparecem como faróis na tempestade: emergem aqui e ali textos que nos permitem pensar sobre como, afinal, a disciplina antropológica chegou a se compor como a conhecemos. Essas luzes perdidas num vasto oceano são nossas histórias, nossos vários caminhos para pensar o passado e como a diferença passou lentamente a ser um objeto de inquérito sistemático até a existência efetiva de um conhecimento que se diz especializado em pensar a diferença.

O resultado prático dessas incertezas é a proliferação das genealogias, os inícios ou os contextos históricos distintos a cada uma delas. Para dar uma ideia dessa variedade vamos explorar nesta aula três narrativas contemporâneas sobre os preâmbulos da Antropologia. Veremos o popular manual de Antropologia de Alan Barnard (2000), o manual de Eriksen e Nielsen (2007) e o texto de Harry Liebersohn (2009, parte do manual editado por Henrika Kuklick). Três manuais, três genealogias. Ao final, buscaremos perceber o que é comum a todos eles e destacar o que mais os distancia entre si.

ERIKSEN E NIELSEN E A HISTÓRIA DE TUDO

A genealogia de Eriksen e Nielsen é a que leva a história da Antropologia mais longe no tempo. A narrativa começa entre os gregos. Mas, primeiro, devo destacar que nenhum dos autores deixa de afirmar de modo efetivo como é difícil constituir uma história da Antropologia antes do século XIX: todos sabem que estão entrando num nevoeiro e destacam que apenas vão propor descrever algumas das luzes em meio a uma viagem pela névoa. Não há pretensões nas suas narrativas à construção de uma história canônica. Deixam claro desde o início que a tentativa de abordar as raízes do pensamento antropológico está fadada à controvérsia e à discórdia. Dito isso, entretanto, cada um deles segue seu próprio conjunto de luzes.

A primeira afirmação de Eriksen e Nielsen que se destaca é quando dizem que há um ponto "além da dúvida", qual seja: a Antropologia, como uma ciência da humanidade, se originou no Oeste (que para ele significa Europa + EUA, deixando de lado a península ibérica e o Leste Europeu). Nesse caso, como ciência euro-americana, a origem pensada pelos europeus para a disciplina é remetida usualmente aos gregos antigos. Vale aqui destacar, antes de embarcar na longa viagem de Eriksen e Nielsen, que a noção de "*West*" é ela mesma impregnada de colonialismos de toda ordem e pressupõe uma divisão que tem relação com o início da história oficial da Antropologia (a divisão entre potências coloniais e o resto do mundo, expressa tão claramente nas teorias evolucionistas). Se a Antropologia tem seu início na euro-américa, isso não necessariamente faz dela uma história euro-americana – muitos outros lugares têm suas histórias e pré-histórias particulares do conhecimento antropológico.

Outra coisa a se destacar é que a reflexão, como parte de um pensamento europeu, sobre a pré-história da Antropologia segue os mitos e as narrativas canônicas europeias: nesse caso, as histórias que ligam diretamente a Europa à Antiguidade clássica. Esse mito, como destaca **Sahlins** (2013), desenvolveu-se na Europa nos séculos XV e XVI e produziu uma "invenção da tradição" que passou a ser conhecida como "renascimento cultural". Eriksen e Nielsen destacam que, como fruto do pensamento europeu, a conexão com o pensamento antigo não poderia deixar de ser significativa na narrativa arqueológica da antropologia.

As narrativas do jovem **Heródoto** (1988) são a primeira parada da jornada de Eriksen e Nielsen: Heródoto viajou e conheceu muitos dos povos estrangeiros com os quais os gregos mantiveram contato, escrevendo narrativas detalhadas de várias partes da Ásia ocidental e Egito. Nessas narrativas de Heródoto, Eriksen e Nielsen reconhecem um problema antropológico que permanece importante hoje em dia: como deveríamos nos relacionar com os outros? São os outros como nós ou são eminentemente outra coisa? Entre essas duas posições as observações de Heródoto são ambíguas: algumas vezes é preconceituoso e despreza a diferença como sinal de inferioridade, outras vezes reconhece que os povos têm diferentes valores por viver em outras circunstâncias.

Essas questões se relacionam com o paradoxo já presente na Filosofia grega, entre universalismo e relativismo. Há um padrão universal de mensuração de tudo (desde moralidades até inteligência?) ou as experiências sociais são tão distintas que não é possível comparar moralidades, práticas e hábitos? Um ponto de vista universalista está mais interessando no que é comum a diversas sociedades, e o relativista observa com mais atenção o que é justamente diferente. Os sofistas de Atenas (Kerferd, 2003) são comumente vistos como os primeiros relativistas. **Platão** (McCoy, 2010) confronta a fé na razão universal com a visão relativista de que a verdade varia com o que poderíamos chamar de cultura. **Aristóteles** (Barnes, 2005), por sua vez, pensava na humanidade como fundamentalmente social por natureza, algo que parece um pensamento universalista que busca mais as regularidades que as diferenças, algo que tem também grande importância na história da Antropologia.

Dos sofistas, Eriksen e Nielsen saltam para o Império Romano e destacam o geógrafo **Estrabão** (Deserto e Pereira, 2016), que em inúmeros textos descreveu os povos como exóticos em lugares distantes. Mas a assunção do cristianismo no período final do Império Romano (século IV d.C.) produziu uma mudança fundamental: a influência do mundo antigo se perde, assim como a cultura urbana; a fragmentação posterior ao lento fim do Império levou à manifestação de diversas culturas locais (germânicos, eslavos etc.). Paralela à fragmentação, temos a dominação da Igreja nos lugares de produção do conhecimento. Durante muito tempo, a Europa permaneceu como periferia do mundo, tendo sido invadida e influenciada pelo Império Árabe. A cultura urbana estava nas cidades sofisticadas do mundo árabe, onde traduções do grego antigo eram fonte de conhecimento e reflexão de uma florescente vida intelectual. Eriksen e Nielsen destacam, entre os autores árabes, **Ibn Khaldun** (Bissio, 2012), cuja obra pode ser vista como uma antecipação de questões importantes para a Antropologia do século XX, com destaque para o parentesco e a religião.

Passando do mundo islâmico para a Idade Média europeia, Eriksen e Nielsen identificam alguns textos que podem ser vistos como precursores de uma escrita antropológica, como o de Marco Polo. Em seguida, passamos para as grandes descobertas do século XV e XVI, fruto do desenvolvimento de cidades-Estado europeias, responsáveis pelo renascimento e pelo surgimento dos primeiros sinais de uma classe capitalista. As grandes viagens dos europeus, somadas à invenção da prensa tipográfica promoveram a divulgação dos relatos de viagem e a descrição dos novos cenários e povos encontrados nesse processo.

Américo Vespúcio (1951), por exemplo, escreveu sobre o continente que levou seu nome, em geral representando os nativos como inversões dos Europeus: sem religião, promíscuos, constantemente nus, sem reconhecimento de leis e, até mesmo, canibais. Mas o fato é que suas narrativas, embora tenham despertado o interesse dos europeus, eram inúteis para de fato se conhecer algo sobre os nativos da América. No entanto outros contemporâneos de Vespúcio, como o francês **Jean de Léry** (1961), davam mais informações úteis sobre a vida dos nativos.

Eriksen e Nielsen destacam a importância da descoberta da América para o pensamento europeu: prenhes de uma concepção dominada por questões relativas à Igreja, lentamente se tornou claro que a América era algo novo, não previsto no conhecimento antigo, amparado na bíblia cristã. Esse pensamento estimulou um distanciamento gradual do religioso, permitindo o desenvolvimento da ciência e a relativização de conceitos de moralidade e pessoa. A questão era sobre a natureza da humanidade: os indígenas eram humanos? Como o comportamento estranho deles poderia ser integrado num quadro sobre a humanidade? O que era o humano, o que era natural? Formas de pensamento poderiam colocar os indígenas como um estágio inicial da sociedade europeia e noções embrionárias de progresso passaram a surgir. Ao mesmo tempo, a possibilidade da ideia de progresso permitia a reflexão sobre a disposição de cada sociedade em seguir seus próprios caminhos (uma noção importante para a futura Antropologia).

Comparando-se com os indígenas, os europeus se descobriram como indivíduos livres. Eriksen e Nielsen destacam **Montaigne** (2009), cujos escritos têm uma característica relativista, cunhando, por exemplo, o termo "bom selvagem". O conjunto de descrições sobre os nativos da América iria influenciar a história do pensamento europeu pelos próximos séculos. Eriksen e Nielsen pulam de Montaigne direto para século XVII, tomando a controvérsia entre racionalistas e empiristas como fundamental no seu oceano enevoado: **John Locke** (1997) é tido como referência no pensamento empirista por defender que nossos valores derivam exclusivamente das nossas experiências (sensações), uma vez que afirmava que as pessoas não nascem diferentes, mas tornam-se diferentes pelas experiências diferentes. O empirismo de Locke o levou a pensar numa lei natural, segundo a qual todos teríamos certos direitos básicos, já que nascemos iguais.

Se os pensadores britânicos estavam inclinados ao empirismo, no continente europeu o racionalismo florescia: **René Descartes** (1979), por exemplo, aparece com destaque na genealogia de Eriksen e Nielsen por estabelecer a primeira discussão sobre a relação entre o mundo material e o mundo espiritual (simbólico). Os homens seriam portadores de ideias preexistentes do mundo, e o trabalho da Filosofia seria descobrir se ideias verdadeiras existiriam. De toda forma, Eriksen e Nielsen nos afirmam que a circulação das narrativas do mundo novo e o desenvolvimento da Filosofia social lançaram as sementes da Antropologia moderna. Os autores deram destaque a duas ideias fundamentais nesse período: o encontro com o outro permitiu uma visão da sociedade como passível de mudança e crescimento, das mais simples às mais complexas; por outro lado, o indivíduo também pode se desenvolver como as sociedades. A ideia de um indivíduo autônomo é fundamental para a ideia de sociedade. Isso nos leva à próxima parada de Eriksen e Nielsen: o iluminismo.

O século XVIII marcou um desenvolvimento na ciência e Filosofia, colocando o indivíduo livre como medida de todas as coisas. Entretanto, a situação social, com a Revolução Francesa e a posterior ascensão de Napoleão e as Guerras Napoleônicas, teve como consequência a descrença na razão. Voltando para o século XVII, Eriksen e Nielsen destacam **Vico** (1979) como um precursor da Etnografia, tendo desenvolvido um modelo universal de desenvolvimento social (era dos deuses/primitivos; era dos heróis/Europa e era do homem/futuro regido pela razão). Havia uma ideia de progresso implícita no modelo de Vico, ou seja, de que qualquer sociedade poderia galgar esses degraus, com a adequada ajuda dos mais desenvolvidos (ideia que seria importante durante o colonialismo europeu).

Na trilha do modelo de Vico, Eriksen e Nielsen destacam **Montesquieu** (2000), cujo trabalho comparativo sobre sistemas legislativos tem um aspecto etnográfico e evidencia o sistema legal como uma parte do sistema social mais amplo. Com uma abordagem relativista, Montesquieu chegou a criticar a própria sociedade a partir de um exercício de crítica "externa" à própria sociedade, escrevendo como se fosse um estrangeiro visitando a França. O próximo farol perdido no oceano de Eriksen e Nielsen são os enciclopedistas franceses do século XVIII, cujos trabalhos davam também espaço para descrições da vida e de práticas das pessoas comuns, além de abarcar descrições de culturas ao redor do mundo, dando legitimidade ao estudo sistemático das culturas de um ponto de vista científico.

Mas, ainda no século XVIII, Eriksen e Nielsen destacam o trabalho de **Rousseau** (1973), cujo modelo de desenvolvimento das sociedades destinava a civilização europeia a um lugar de degeneração e decadência. Segundo seus modelos, a sociedade emergiria após associação das pessoas em pequenos grupos, que lentamente se tornariam sociedades complexas. Antes disso, os indivíduos seriam livres e viveriam em harmonia com a natureza. O desenvolvimento da sociedade seria a história do desenvolvimento da desigualdade. A sociedade primitiva aparece como "nobre", "livre" e, fundamentalmente, sem Estado. São passos importantes para o relativismo antropológico.

Do iluminismo e seu foco no racionalismo, Eriksen e Nielsen passam a procurar suas luzes no oceano da corrente que se opôs ao racionalismo: o romantismo, de inspiração basicamente alemã. No romantismo, vemos uma ênfase na emoção e no particularismo, processos que constituíram as bases ideológicas do nacionalismo europeu. A Antropologia é herdeira tanto do romantismo e seu foco nas culturas exclusivas (e nacionais) como totalidades coerentes, como do iluminismo e sua intenção comparativa universalista. As relações entre o Estado francês e o nascente Estado alemão (unificado somente no fim do século XIX) marcam a distinção entre a ênfase na razão universal e na experiência única do "espírito do povo". O filósofo **Herder** (1987) é o precursor do ataque ao universalismo francês, dando ênfase à linguagem, às emoções, aos valores e aos costumes de cada povo.

A discussão de Herder é fundamental para o desenvolvimento da Antropologia moderna, na definição do relativismo como instrumento essencial da Antropologia. Importante destacar que tanto o chauvinismo do nacionalismo europeu dos séculos XIX e XX como o relativismo antropológico compartilham raízes comuns, apesar de serem doutrinas opostas. Eriksen e Nielsen seguem sua viagem até **Kant** (1974) e **Hegel** (Geana, 1995), destacando o contraste a que suas perspectivas levariam em termos metodológicos para uma Antropologia nascente (um contraste entre individualismo metodológico e coletivismo metodológico, respectivamente – com foco no indivíduo ou na sociedade). Derivada do trabalho de Hegel e Kant permanece a ideia de que a realidade é socialmente construída.

Adiante, ao longo do século XIX, num mundo em transição, surgiria a Antropologia propriamente moderna, como veremos nas aulas seguintes. Abordamos aqui uma genealogia da pré-antropologia, constituída de momentos esparsos no tempo que, mais do que uma relação orgânica entre si, típica de uma genealogia linear, tem em comum o fato de dispararem reflexões e questões que são importantes na trajetória propriamente histórica da Antropologia. O critério da genealogia é uma busca por similitudes retrospectivas. Um espelho com imagens ancestrais, poderíamos dizer. O norte da genealogia de Eriksen e Nielsen é olhar de dentro de uma historicidade reconhecida (Antropologia moderna) para um passado sem referência fixa (pré-antropologia).

ALAN BARNARD

Barnard (2000) também toma o século XIX como o "começo verdadeiro" da Antropologia, o que aconteceu em torno do debate sobre a evolução humana. Mas, segundo o autor, as ideias antropológicas vieram muito antes. A escolha é menos um momento e mais uma questão específica, a de "contrato social". Ligados a essa ideia estão outros conceitos importantes na futura história da Antropologia: natureza humana, sociedade, diversidade cultural, entre outros. Se escolhe um tema, ele também admite, numa ordem um pouco confusa, outro tema como relevante, mas esse muito mais antigo no tempo: a ideia de "grande corrente do Ser", que coloca a humanidade entre Deus e os animais, como uma precursora das teorias de evolução. Além desses, destaca a discussão do século XVIII sobre a origem das linguagens e a relação entre homens e primatas e o debate entre poligenistas e monogenistas do século XIX.

Da renascença ao iluminismo, o interesse na condição humana só aumentou. O curioso é que o interesse pelo exótico estimulou descrições fantasiosas do outro, resultando numa dificuldade para o surgimento da Antropologia. No século XVII, os primeiros a ver além dos fatos descritos pelos viajantes foram os juristas e filósofos: suas preocupações abstratas com a relação entre indivíduos e sociedade, entre as sociedades e seus mandatários, entre os povos e as nações levaram a uma preocupação com a natureza humana. Barnard começa sua viagem no seu mar particular com **Grotius** (2004), para quem as nações do mundo eram parte de uma sociedade internacional, sujeita à lei da natureza, uma vez que considera o homem sociável por natureza. Assim, as mesmas regras naturais que regem o comportamento dos indivíduos em cada sociedade deveriam regular o comportamento entre nações em períodos de paz e guerra. Temos aqui, segundo Barnard, uma reflexão profundamente antropológica, marcando a passagem das leis naturais do indivíduo para as leis naturais da sociedade. **Pufendorf** (2007), por sua vez, estendeu essa preocupação, discutindo a noção de *socialitas*, indicando que sociedade e natureza são indissociáveis, já que os homens são sociais em natureza. Ele chega a imaginar um período anterior à civilização, em que os homens viveram sob o signo de paixões, pobreza, barbarismos, ignorância e selvageria, em oposição à civilização e ao reinado da razão, da paz, da segurança, da saúde, do conhecimento e da benevolência.

Na Inglaterra, politicamente instável, **Hobbes** (2019) refletia sobre questões similares. Para ele, os homens não tinham propensão a formar sociedades, mas, antes, a resolver suas vontades individuais. Se essa tendência não fosse controlada racionalmente pelos seres humanos na forma de uma concessão de poder a alguma autoridade para atingir paz e segurança, estaríamos numa situação caótica. Assim, a sociedade se forma por consentimento: esse teria o nome de "contrato social". A visão pessimista de Hobbes foi muito influente. Locke, por sua vez, era um pouco mais otimista: para ele, o poder era idealmente limitado e o consentimento ao contrato social não era absoluto. O estado anterior ao contrato teria sido tranquilo, mas o contrato teria se imposto apenas para a resolução de conflitos. Assim, o avanço da sociedade encorajaria a preservação da propriedade e a proteção das liberdades naturais.

Barnard passa ao século XVII, quando Rousseau escreveu "sobre o contrato social". Rousseau nega o argumento de Grotius sobre o poder estatal como benefício dos governados. Para Rousseau, o governo era o resultado de ricos tentarem proteger a propriedade e o contrato social seria, por sua vez, baseado no consenso democrático, isto é, uma sociedade idealizada em que as pessoas concordam em viver juntas para o benefício de todas. A teoria do contrato social assumiria, assim, uma divisão fundamental entre o estado de natureza e o estado de sociedade. E todos imaginavam, portanto, uma passagem do primeiro para o segundo. O Estado de natureza seria, dessa forma, uma ideia mais retórica que factual.

Várias questões foram colocadas primeiramente no iluminismo europeu: o que define a espécie humana em abstrato? O que distingue humanos e animais e qual a condição natural da humanidade? Algumas discussões implicavam a hipótese de que as populações eram tão diferentes que deveriam representar raças distintas (espécies separadas). Em contrapartida, outros autores esticavam tanto as noções de humanidade a ponto de inserir aí primatas como chimpanzés e orangotangos. A ideia do nobre selvagem também é comumente associada ao iluminismo. Porém era mais comum a visão de Hobbes, do selvagem bruto, pobre, solitário e violento. Rousseau acreditava na ideia do bom selvagem, mas concordava com a essência solitária do homem "natural".

Para Rousseau, o problema não era a natureza do homem em si, mas, antes, a natureza avara da sociedade. A emergência da sociedade trouxe a desigualdade e com ela nasceram todos os males. Os vícios humanos surgem, portanto, *depois da sociedade*. A constituição lenta da sociedade produz o aumento da desigualdade, fazendo emergir a inveja, derivada da diferença social, da invenção da propriedade e da acumulação de bens nas mãos de alguns. Porém não há como voltar atrás para um estado de natureza puro: uma vez existente, a sociedade não se extingue. O que se poderia fazer é regulá-la de forma a diminuir a desigualdade e reaproximar o homem da igualdade natural. Essa seria a missão dos governos, o que obviamente não acontecia (ou acontece). E, ainda assim, nem as sociedades avançaram do mesmo modo. As sociedades selvagens retiveram algo da era dourada do estado de natureza.

Outro caminho importante para Barnard é a tradição sociológica nos trabalhos de Montesquieu, **Saint-Simon** (Ionescu, 1976) e **Comte** (1983). Barnard também destaca o caráter etnográfico do "espírito das leis" de Montesquieu. Central era o argumento sobre o "espírito geral", que seria a essência fundamental de uma dada cultura. No começo do século XIX, Comte avançou em noções que combinavam o interesse de Montesquieu numa ciência da sociedade com um desejo de incorporar essa perspectiva num esquema das ciências naturais (principalmente a Biologia). Essa junção daria origem a uma nova ciência, a Sociologia. Esse campo de ideias está marcado, portanto, por concepções que depois a Antropologia reconhecerá como evolucionistas.

Um debate fundamental, como nos diz Barnard no começo de seu texto, é a disputa entre poligenistas e monogenistas ao longo do século XIX. A Antropologia moderna depende da aceitação da tese dos monogenistas, que acredita em apenas uma origem para a humanidade. Os poligenistas, ao contrário, acreditavam em muitas origens. A Antropologia contemporânea presume que a humanidade é a mesma, biológica e psicologicamente: como no argumento de Montesquieu, que atribuía à Geografia a responsabilidade pelas diferenças. O pensamento monogenista, no início do XIX, era liberal e até mesmo radical. As teorias de evolução cultural do século XIX dependem da noção de monogenia (todos têm o mesmo começo), assim como as teorias antirracistas do século XX. Os evolucionistas acreditavam na superioridade da sociedade europeia, em estágios de evolução, e acreditavam também que todos os povos eram parte da mesma humanidade. Os poligenistas não acreditavam nisso e a perspectiva antropológica de uma humanidade única e plural é simplesmente impossível com esse ponto de vista.

Os monogenistas são os responsáveis pela organização das instituições que darão grande impulso à formação da Antropologia (como a Sociedade Etnológica de Londres e a Sociedade para Proteção dos Aborígenes). É irônico que os poligenistas estavam interessados na diferença entre os grupos humanos e se chamavam antropólogos, ao passo que os monogenistas se chamavam etnólogos e estavam interessados nas semelhanças entre os povos e menos nas diferenças.

Esse é o resumo da viagem de Barnard pela sua pré-antropologia, cruzando alguns dos mesmos pontos (faróis, ilhas) que Eriksen e Nielsen, mas constituindo uma outra constelação de formação da Antropologia. Mais preocupado com o que aconteceu desde o século XVII e muito pouco interessado nas narrativas sobre a América e o novo mundo, que em sua visão não ganham destaque como precursoras do que futuramente seria uma Antropologia moderna, Barnard atribui a uma discussão abstrata, aquela do contrato social, a responsabilidade de constituir previamente as questões da Antropologia moderna. Num texto um tanto confuso, passando por detalhes dispensáveis, a trajetória de Barnard é mais linear que a de Eriksen e Nielsen, dando menos ênfase aos outros e mais ao gênio europeu (o pensamento iluminista), o lugar de destaque na pré-história da Antropologia. Poderíamos chamar o modelo de Barnard de *eurocêntrico*, pois até mesmo as imagens dos outros são menos importantes que o pensamento abstrato revolucionário dos europeus.

LIEBERSOHN

Assim como para Barnard e Eriksen e Nielsen, o início efetivo da Antropologia para Liebersohn é relacionado ao desenvolvimento do evolucionismo no século XIX, e as conotações políticas desse fato são lembradas (como a ideologia do colonialismo). O evolucionismo ensejava uma moralidade que justificava os empreendimentos político-econômicos imperiais. Como os outros autores, antes de se aventurar numa pré-história da Antropologia, Liebersohn destaca como essa empreitada é incerta.

Para Liebersohn, embora os antropólogos (e podemos destacar o ponto de vista de Eriksen e Nielsen) considerem a Antropologia uma disciplina moderna, muito antes disso várias discussões sobre povos estrangeiros foram produzidas; Heródoto é o caso exemplar. Cientistas, capitães de navios, mercadores, marinheiros, colonizadores, missionários, entre outros, produziram relatos importantes sobre povos estrangeiros. E suas descrições eram fruto também de debates sobre as opiniões de outros viajantes, fazendo reparos, adicionando informações relevantes. Esses debates deixaram impressões importantes na Filosofia, Literatura e política estatal. Diferentemente de Barnard, ele trata os relatos como fundamentais, influenciadores da Filosofia, por exemplo. Barnard descarta os viajantes em prol do gênio abstrato dos intelectuais europeus. Eriksen e Nielsen, por sua vez, apenas incorporam os viajantes e companhia como produtores no mesmo nível que filósofos e literatos.

Para Liebersohn duas eras se destacam quando se pensa na Antropologia antes da Antropologia: um período entre 1492 e o final do século XVII e outro que vai do fim do XVII ao fim do XVIII (iluminismo). O primeiro período é caracterizado por respeito e autoridade dos velhos textos e da tradição aprendida, com os quais o conhecimento despertado pelo descobrimento do novo mundo deveria ser reconciliado. Os dogmas clericais e a Antiguidade Clássica continuavam a informar os europeus e suas percepções sobre os estrangeiros. Ao mesmo tempo, surge um novo paradigma: o dos relatos modernos de viagem, com seus modelos, formas de observação, categorias de análise etc.

O segundo período coloca um novo tipo de preocupação: a busca por uma explicação para a natureza humana entre os povos iliteratos e selvagens. Se no primeiro período é a descoberta da América que impulsiona os modos de pensamento, no segundo é a exploração da Oceania que estimula um modelo científico de observação dos povos não europeus. Liebersohn destaca o argumento de **Elliott** (1992), para quem a relação entre observadores europeus e o novo mundo era ainda mais complicada, pois não era apenas uma questão de abandonar velhos hábitos de pensamento: os europeus não poderiam descrever acuradamente o que viam, pois não tinham um estoque cultural suficiente para "ver" efetivamente o que acontecia. Apenas após um longo período de aproximação e crescente familiaridade é que as descrições puderam ser mais acuradas. O exemplo de obra que atingiu esse objetivo é o livro *Cosmos*, de **Alexander von Humboldt** (2000). Isso não significa, porém, que a produção de um conhecimento mais acurado não pudesse estar acompanhada de um grande preconceito e de distorções sistemáticas.

O primeiro texto destacado por Liebersohn é a carta de **Colombo** (1968), um bom exemplo de justaposição entre o novo e o velho, sendo tudo enquadrado num esquema da fé triunfante. A descrição de Colombo dá ênfase à inocência, comparável à do casal original da narrativa bíblica (Adão e Eva), antes de cair do paraíso. A inocência era um índice da possibilidade da conversão e, toda ação de Colombo visava a um futuro de conversão para os nativos. A linguagem de Colombo é a do maravilhoso, do espanto com tudo que via: sinal do novo se introduzindo no modelo antigo. Embora tentando conscientemente conciliar o que via com o que dizia a tradição e o conhecimento antigo, o espanto é o indício de que algo novo estava sendo visto.

Na época de Colombo muitos teólogos espanhóis se voltaram para Aristóteles para definir os povos do novo mundo como *escravos naturais* (um conceito aristotélico), povos com razão deficiente, uma horda, uma massa caótica de selvageria. Essas referências eram rapidamente acompanhadas com associações demoníacas. **Bartolomeu de Las Casas** (1991), em contraste, seguiu outro caminho, como conhecedor das populações indígenas americanas: testemunhou atrocidades, a escravização e o desprezo radical dos europeus em relação a elas. No seu livro *Brevíssima relação da destruição das Índias: o paraíso destruído: a sangrenta história da conquista da América espanhola*, tido por Liebersohn como um exemplo de escrita antropológica, ele descreve os nativos como crianças, pobres, sem ambição ou ganância: aptos, portanto, à conversão. Mas Las Casas era mais que um apologista da religião, seus escritos incluíam uma teoria da civilização em estágios, numa hierarquia do barbarismo, caracterizado pela violência e falta de religião, até a civilização. A teoria de Las Casas era uma alternativa às teorias da depravação indígena, uma tentativa de reconhecimento da completa humanidade dessas populações.

Esse modelo pode ser colocado em comparação com o modelo de Vico, destacado por Eriksen e Nielsen como um dos primeiros modelos de evolução (mas posterior em mais de um século ao de Las Casas). Destaca-se na análise de Liebersohn o lugar proeminente para esses relatos e textos como efetivamente antropológicos, ainda que marcados pelas vicissitudes de seu tempo. Podemos ver a diferença em relação aos textos de Eriksen e Nielsen e Barnard, que são descritivos ou menos relevantes (Barnard) ou apenas são suportes para a futura Antropologia se desenvolver efetivamente (Eriksen e Nielsen). De certa forma, esses autores são efetivamente anacrônicos, pois a procura pelo prenúncio de uma Antropologia antes do seu tempo deixa de abranger os textos em sua completude e em sua, digamos, "Antropologia efetiva do tempo presente".

Aliás, se tomarmos outro manual de Antropologia, este da década de 1906, o *História da Antropologia*, de Paul Mercier (1974), veremos o mesmo tipo de abordagem em relação aos textos antigos: Mercier nos diz que qualquer povo desenvolveu, de alguma forma, um tipo de Antropologia, ou um pensamento sistemático sobre os outros e sobre a diferença e, desse ponto de vista, a pré-história da Antropologia se confunde com a história da própria humanidade. Ou seja, há algo que distingue a Antropologia moderna (para ele é a constituição de uma metodologia científica e sistemática em torno de uma questão central) e lhe permite um senso de continuidade e desenvolvimento, enquanto as antropologias do passado apareciam e morriam sem deixar um conhecimento sistemático, sendo condenadas sempre a reinventarem as mesmas questões. Essa impossibilidade de avançar marca a imaginação da pré-antropologia pelos autores da Antropologia mais contemporânea, e essa última que se desenvolveu unicamente, para Mercier, na Europa num trajeto que vai das conquistas dos séculos XV e XVI para o século XIX e o desenvolvimento do conceito de evolução.

Outro destaque de Liebersohn é o jesuíta **José de Acosta** (1962), da mesma forma portador de uma experiência direta com as populações americanas. Ele também tentou uma mediação entre as categorias do pensamento aristotélico e sua própria experiência. Imaginava os nativos como deficientes, mas como passíveis de desenvolvimento. Seu texto é desapaixonado e compreensivo, um modelo do tipo de relato de povos não europeus que os viajantes do iluminismo produziriam um século depois. Ele radicalizava seus relatos indicando que, se havia abominações entre os indígenas, o mesmo era verdade entre os próprios europeus: colocava em perspectiva a própria narrativa. Em alguns aspectos, José de Acosta descrevia os indígenas americanos como mais evoluídos que os antigos e até que os europeus contemporâneos. Esse modelo de comparações seria posteriormente usado com frequência (como vimos no caso de Rousseau e Montesquieu, por exemplo).

Missionários também eram capazes de descrições que dispensavam atenção às vidas culturais dos indígenas, como no caso de Jean de Léry, que em sua estada entre os tupinambás no Brasil aprendeu a admirá-los como anfitriões inteligentes. De volta à França, Léry se viu em meio aos conflitos entre protestantes e católicos (praticamente uma guerra civil) e sua narrativa é uma memória fortemente marcada por um pendor comparativo com os horrores da guerra civil. Sua capacidade de descrição fez dele um antropólogo em seu tempo. Mesmo as descrições do canibalismo tupinambá são colocadas em perspectiva, pois a exploração pela usura em terreno europeu não seria essencialmente menos negativa que o canibalismo americano (ao menos esse seguia regras de respeito). Ele apresentava um relato que o fazia suspeitar das pressuposições de superioridade moral dos europeus.

Montaigne experimentou o mesmo cenário turbulento na França do século XVI e, como Léry, isso o fez mais cético em relação às pressuposições habituais sobre os nativos americanos. No seu ensaio *Dos canibais* (2009), ele oferece aos leitores uma releitura das categorias de barbárie e civilização. Os indígenas estariam próximos à natureza, enquanto os europeus teriam sido corrompidos pela civilização. O canibalismo, mesmo horrendo, deveria ser visto como parte de um código marcial nobre e generoso. Montaigne apresenta uma leitura radical e muito mais aberta. A medida da análise era um conceito de razão bastante flexível, capaz de dar sentido às práticas guerreiras dos indígenas da América do Sul.

Liebersohn passa a lidar a seguir com o segundo momento de sua pré-história da Antropologia que, com esse momento histórico, é um outro conjunto de narrativas de viagem que articula um diferente discurso antropológico, no qual os textos de viajantes importam tanto quanto os textos abstratos influenciados por eles. Na verdade, não há, de fato, pré-história da Antropologia para Liebersohn, justamente por não tomar a Antropologia moderna como parâmetro para analisar o que veio antes. Antes havia outras formas de escrita e pensamento antropológico e ele lida com elas dessa forma, não como prenúncios do que virá a ser uma Antropologia nem como pontos a serem ligados na tentativa de uma reconstrução (mesmo que não linear). A perspectiva de Liebersohn é radicalmente diferente das de Barnard e Eriksen e Nielsen; não temos mais pré-antropologia, mas antropologias diferentes em tempos distintos.

Ao final do século XVII, um discurso iluminista antropológico distinto tomou forma: o iluminismo europeu e suas concepções de racionalidade foram testados no confronto com uma nova geração de viajantes. Os contornos de uma Antropologia iluminista emergiram nos escritos de **Lahontan** (2018), militar francês no Canadá ao final do XVII. Ele escreveu a história de sua viagem, destacando os povos nativos por sua coragem e amor pela liberdade. Os indígenas viviam de forma simples, livremente e felizes sem qualquer ajuda dos europeus. O selvagem de Lahontan é mais racional que seu interlocutor "civilizado", aparecendo como uma crítica à corrupção europeia.

Lafitau (1724), missionário que viveu entre indígenas no Canadá, chegou a conclusões comparáveis, indicando que os huron e iroqueses eram povos racionais que habitavam sociedades cheias de princípios éticos. Como um observador analítico, que respeitava seus anfitriões – que eram perfeitamente capazes de se autogovernar sem o Estado moderno –, fez, por exemplo, análises dos sistemas de parentesco que antecipam a Antropologia moderna. Para Lahontan e Lafitau os indígenas estavam em plena posse da razão natural.

Rousseau explorou essa crença na razão natural e desafiou os cânones do pensamento europeu com seu modelo de sociedade primitiva no *Discurso sobre a origem da desigualdade* (texto de 1755).[1] A questão de como a desigualdade tinha se originado atingia as estruturas de poder europeias. O exemplo de várias sociedades primitivas ao redor do mundo demonstrava que a hierarquia não era natural. Ele argumentava que a evolução social havia ali atingido um certo equilíbrio, entre a anarquia original e as divisões da sociedade moderna. A originalidade metodológica de Rousseau estabeleceu um novo parâmetro científico, com sua visão de uma sociedade com um sistema unificado e inteligível, demonstrando, portanto, a importância de estudar a sociedade como entidade distinta da natureza ou do Estado.

Os intelectuais britânicos não compartilhavam do universalismo característico dos trabalhos de Rousseau. **Dampier**, por exemplo, viajou por Jamaica e Caribe, Virgínia, Manilla, Formosa e Austrália buscando fortuna e não conhecimento. Sua relação com os nativos era pragmática, nem favorável nem negativa: buscava saber em que o Império Britânico poderia se beneficiar da relação com esses povos. Literatos não demoraram a escrever histórias a partir das narrativas de Dampier, como **Daniel Defoe** e seu *As aventuras de Robinson Crusoé*. A relação de Crusoé com os nativos, de certa forma, era um padrão para as relações dos europeus com os demais povos: mistura de medo do demoníaco e confiança na missão de cristianizar e civilizar.

Ao longo do século XVIII houve grande esforço por parte dos governantes europeus por produzir inventários sistemáticos dos recursos do mundo, incluindo os povos não europeus. O exemplo mais perfeito dessas missões foram as viagens do **capitão Cook** (1768-71, 1772-75, 1776-80) (Withey, 1989). As aventuras de Cook combinavam diversos elementos: suporte estatal, instruções precisas, longa preparação e montagem de equipamentos científicos, uso de cientistas treinados como participantes ou conselheiros, envolvimento das forças armadas. Esses foram os precedentes para as viagens científicas do final do XVIII e XIX, que tomavam a obtenção de informações sobre as populações locais como parte fundamental do trabalho.

Os esforços de Cook serviam a interesses imperiais, produzindo informação confiável para cientistas, comerciantes e colonizadores. O impacto de Cook na escrita etnográfica através Europa, segundo Liebersohn, é enorme: ele estabeleceu o padrão para os subsequentes naturalistas viajantes. Um dos homens na segunda viagem de Cook, **Georg Forster** avançou numa forma distinta de entender os povos não europeus. Ao testar a hipótese do modelo do homem racional "natural", ele descobriu, entretanto, que as várias populações que conhecera (da Oceania, Nova Zelândia e Ilha de Páscoa), eram muito diferentes entre si, mesmo que as línguas não diferissem tanto. Forster tinha inclinações românticas e indicava menos o interesse numa racionalidade universal e muito mais na estranheza dos outros povos. Ele considerava, por exemplo, a possibilidade de esses povos viverem sobre lógicas distintas.

Um questionamento sistemático dos modelos de racionalidade seria levado a cabo por Herder, anunciando o estudo das culturas em suas especificidades. Ele começou a questionar a noção de que uma cultura seja superior a outra e abriu caminhos para a Antropologia moderna e sua preocupação com análises não preconceituosas. Herder propôs uma disciplina para o estudo da humanidade em geral, que parece muito com o que viemos a conhecer como Antropologia. Seu pensamento era centrado nas "heranças autênticas", dando pouco espaço para as migrações. A preocupação exacerbada com a autenticidade cultural, por outro lado, tem um aspecto xenofóbico, que não foi de pouca importância no futuro alemão.

CONCLUSÕES

O que vimos ao longo dessas três viagens é que qualquer genealogia que se construa é um mero exercício de reflexão sobre os escritos do passado, em busca de pistas e vestígios que nos liguem de alguma forma com aquelas discussões: não temos exatamente pais fundadores, nós os inventamos. E é preciso dizer que essa invenção é sempre relativa às questões presentes nos diálogos contemporâneos dos antropólogos que buscam esses vestígios no passado. Como exemplo, podemos lembrar que, para **Lévi-Strauss** (1992), antropólogo maior do século XX, o pai fundador da ciência antropológica foi Rousseau. Já para **Radcliffe-Brown** (1952), outro grande antropólogo do século XX, as raízes da Antropologia devem muito a Montesquieu. Dois autores grandes, duas genealogias distintas. Em termos das antropologias produzidas por Lévi-Strauss e por Radcliffe-Brown, as genealogias que construíram respondem exatamente às questões que eles se propuseram.

A volta ao passado, a busca arqueológica por nossas tradições é um projeto fadado a responder nossas questões atuais. Talvez seja essa uma característica da Antropologia moderna: desconfiar de narrativas hegemônicas de evolução, progresso, nacionalidades, identidades etc. Mas por que não estaríamos também desconfiados a respeito das nossas próprias narrativas de origem? Ou seríamos apenas incapazes de construir apropriadamente nossos mitos e nossos heróis fundadores? Ou seria a incapacidade de construir histórias hegemônicas exatamente o nosso mito criador? Questões como essas nos levam a muitas reflexões, mas não deixam de ter seu charme específico e alguma capacidade analítica: pode uma ciência se recusar a uma mitologia de criação, a um conjunto de pais fundadores? E o que isso nos diz sobre a Antropologia contemporânea?

AULA 2

Montaigne e a comparação pessimista. Rousseau, antes da sociedade e depois

Nessa aula, vamos nos voltar ao trabalho de dois autores que podemos considerar antropólogos, no sentido dado por Liebersohn ao termo: intelectuais que debatiam as questões da diferença em seu momento histórico. Um texto é de 1580 – *Dos canibais*, de Montaigne (2007) e outro é o de Rousseau, *Discurso sobre a origem da desigualdade* (1973), escrito originalmente em 1754. Com quase 200 anos de diferença entre os dois, tomo-os como objeto de reflexão neste capítulo para olharmos mais de perto como as narrativas do novo mundo produziram entre os intelectuais europeus reflexões sobre o homem e a humanidade.

Mediante a evidência da diferença representada pelas populações indígenas descritas pelos viajantes, esses dois franceses produziram reflexões em dois momentos distintos: um logo após as descobertas, ainda antes de completarem um século. Poderíamos chamar esse momento de um momento inicial, ou pensar ainda na categorização de Liebersohn, para quem esse texto é um representante da primeira fase de uma Antropologia nascente. O segundo texto, mais próximo do século XVIII e marcado por uma reflexão sobre a razão, nos traz um outro momento, em que a proliferação de narrativas sobre os nativos da América e Oceania encontra-se já consolidada e a reflexão as toma como evidência sistemática para apoiar determinadas perspectivas ou ideias. Lévi-Strauss nos diz que Rousseau é o pai fundador da Antropologia, dando ênfase ao *Discurso* e também ao texto *As confissões*

(1959) (outra obra relevante do autor francês). Essa posição só pode ser pensada, como veremos, porque o outro é constituinte do processo de reflexão e metodologia de Rousseau, o que, destaca Lévi-Strauss, marca a influência da obra rousseauniana.

Veremos que Montaigne, falando mais próximo às descobertas e, portanto, mais cheio de espanto que Rousseau (um pouco do espanto que vimos constituir o cerne da visão de Colombo sobre o novo mundo), se preocupa muito mais em dar sentido às narrativas sobre os indígenas (e o texto de Jean de Léry [1980] é fundamental ao ensaio *Dos canibais*) para um público que ainda não entende exatamente o que é o novo mundo – nem que é, de fato, um novo mundo – que a extrair daí material para refletir sobre a natureza da humanidade. Isso não quer dizer que Montaigne não produza alguma reflexão comparativa, efeito que as descrições etnográficas geram quase que automaticamente. A descrição do outro é sempre uma narrativa sobre o "não eu" que, de certa forma, ao apontar a extrema diferença, contorna os limites do "eu" europeu. Temos, assim, dois momentos: uma primeira comparação espantada de Montaigne, passando a seguir por um sistema de pensamento que pressupõe as narrativas sobre o outro em seu cerne. Os dois autores escreveram para além do comum, desenvolvendo obras muito originais.

MONTAIGNE E O FIM DA RAZÃO

Montaigne escreve no século XVI, período em que a perda de um consenso se faz sentir e em que há poucas metáforas e símbolos nos quais se apoiar. O pensamento era marcado pela dúvida, pelo ceticismo paralisante que preparava o caminho para um pensamento secular (Campbell, 1975: 15). Rousseau escreve num momento diferente, em que a percepção da razão é florescente, circundado por autores originais. Um dos efeitos da perspectiva de Montaigne é um estranhamento sistemático com o pensamento europeu. Seria preciso olhar para além da sociedade ocidental para encontrar homens que tivessem de fato uma magnificência de caráter, algo que não se poderia encontrar na Europa.

No ensaio *Dos canibais*, Montaigne descreve essa sociedade indígena da América do Sul: é uma nação de homens naturais que não foram ainda corrompidos pelas convenções do Ocidente e sua nação é muito superior aos nossos maiores sonhos utópicos e poéticos de uma era de ouro (Campbell, 1975: 19). O caráter e honradez são endêmicos: as próprias palavras que significam mentir, dissimulação, avareza, inveja etc. são desconhecidas, nos diz Montaigne. Esses exemplos servem para diminuir a estatura do homem ocidental. A atitude de Montaigne para os nativos, segundo Campbell, é a de um espanto admirado, ele não presume realmente entendê-los, pois os seus méritos excedem a sua capacidade descritiva. Crítico da sociedade europeia, perdida em seus costumes cegos, governados pelas leis que retiram sua autoridade não de valores nobres, mas antes do desejo exacerbado de enriquecimento, uma solução seria um afastamento gradual de pessoas, leis e mundo social, algo semelhante ao que proporia posteriormente Rousseau. Tendo ambos os autores encontrado fora da Europa evidências da diferença que os permitiam criticar acidamente a própria sociedade, os dois buscaram o isolamento como resposta política à descrença.

A busca de sentido na vida dos indígenas segue, entretanto, uma lógica cultural europeia permeada pela lógica do guerreiro valoroso, da guerra como atividade nobre e da luta como exemplo máximo de virtude. O texto se inicia justamente indicando como o epíteto de bárbaro não se aplica a populações que sabem lutar. Marcado pela tensão com as velhas narrativas, o texto de Montaigne procura situar a América nos fluxos dos debates antigos, seguindo as narrativas de Platão e, possivelmente, de Aristóteles. Seria o novo mundo a Atlântida de Platão? Parece que não. Após essa inserção do fluxo do conhecimento novo no fluxo antigo, Montaigne vai direto para o argumento de seu texto:

> não vejo nada de bárbaro ou selvagem no que dizem daqueles povos; e, na verdade, cada qual considera bárbaro o que não se pratica em sua terra. E é natural, porque só podemos julgar da verdade e da razão de ser das coisas pelo exemplo e pela ideia dos usos e costumes do país em que vivemos [...]. A essa gente chamamos selvagens como denominamos selvagens os frutos que a natureza produz sem intervenção do homem.

No entanto, aos outros, àqueles que alteramos por processos de cultura e cujo desenvolvimento natural modificamos, é que deveríamos aplicar o epíteto. As qualidades e propriedades dos primeiros são vivas, vigorosas, autênticas, úteis e naturais; não fazemos senão abastardá-las nos outros a fim de melhor as adaptar a nosso gosto corrompido. (Montaigne, 1972b: 105)

Nessa passagem, propõe-se um padrão de análise que perdurará por séculos e será posteriormente o eixo da reflexão rousseauniana sobre o mundo natural, sobre o homem em "estado de natureza" *versus* o "homem em sociedade". O primeiro é inalterado pelo próprio homem (a vida em sociedade) e é vigoroso e autêntico; o homem que inventa a si mesmo através da sociedade está fadado à corrupção e à decadência. A natureza é deslumbrante para Montaigne, assim como o homem natural também deve ser.

Mas os nativos descritos por Montaigne, num autêntico exercício etnográfico possível ao século XVI, não são exatamente o homem natural: estão apenas *menos* modificados pela "ingerência do espírito humano" e ainda não perderam o máximo de sua simplicidade original. Não exatamente selvagens no termo de Montaigne (intocados pelo desenvolvimento do próprio homem, localizado agora na noção de "espírito humano"), mas ex-selvagens recentes, enquanto a Europa é uma velha ex-selvagem. Ainda assim, são os indígenas americanos objeto de espanto, pois "ninguém concebeu jamais uma simplicidade natural elevada a tal grau, nem ninguém jamais acreditou pudesse a sociedade subsistir com tão poucos artifícios" (Montaigne, 1972b: 106). Os indígenas americanos aparecem, portanto, como o que mais próximo se viu até ali de um homem não corrompido completamente pelo próprio homem.

E o resultado é um olhar mais atento às descrições: não há entre os nativos hierarquia política (um prenúncio da categoria de "desigualdade" a ser explorada por Rousseau dois séculos depois), não são nem ricos nem pobres, não há contratos, não trabalham etc. Se Platão os conhecesse, diria que sua República já existia em perfeição. O espanto de Montaigne é seguido de uma tentativa de descrição, de conhecer a diferença, empreitada em tudo etnográfica: "suas residências constituem-se de barracões com capacidade para duzentas a trezentas pessoas [...]. Seus leitos, formados de cordinhas de algodão, suspendem-se ao teto [...] sua bebida extrai-se de certa raiz [...] em lugar de pão, comem uma substância branca parecida com o coentro cozido [...] passam o dia a dançar" (Montaigne, 1972b: 106).

Nessas descrições, vemos uma vontade de entendimento e simultaneamente um encantamento com a simplicidade. Como diria Montaigne num outro texto, "Dos coches": "Nosso mundo acaba de descobrir outro não menor, nem menos povoado e organizado que o nosso (e quem nos diz que seja o último?)" (Montaigne, 1972a: 416).

As descrições derivam das narrativas de Jean de Léry (1961) e **Thevet** (1944), **Gomara** (1979), **Oviedo** (1853) e, sobretudo, Las Casas (1991), divulgadas alguns anos antes. Montaigne destaca dessas narrativas o que chama de moral desses povos: valentia na guerra e atenção por suas mulheres. Esses dois pilares são o que estrutura o entendimento de Montaigne sobre o outro, buscando algo que evidentemente é valorizado pela lógica cultural europeia: a coragem e a valentia do cavalheirismo. É como se Montaigne reconhecesse nesses indígenas algo que é caro a uma imaginação europeia, mas que já não existe mais: o bravo guerreiro. Há pontos de contato entre o radicalmente novo e o velho decadente mundo europeu. Ao destacar a valentia, coloca em cena o canibalismo, não para ressaltar sua estranheza, mas justamente para colocá-lo dentro de um quadro explicativo que faça sentido, articulado pela lógica da valentia e da guerra.

O canibalismo é um ato ritual, que envolve regras que são seguidas pelos algozes e vítimas, além de uma tentativa de quebrar a resistência do guerreiro e de manter sua dignidade. Desafios mútuos resultando na morte do capturado e na distribuição de sua carne, não como um ato de mera subsistência, mas de uma lógica guerreira. Um ato de vingança mútua: o cativo já comeu inimigos, os captores vão comer o inimigo. A vingança indicada por Montaigne seria, muito posteriormente, investigada por Manuela Carneiro da Cunha e Viveiros de Castro (1986) numa lógica da Antropologia moderna.

Mas o fato é que, se aos europeus parece atrocidade o ato radical dos ex-selvagens, não são menos cruéis e bárbaras muitas das práticas europeias.

Em comparação com os nativos, as atrocidades europeias parecem sem sentido e sem uma lógica que as articule. "Podemos, portanto, qualificar esses povos como bárbaros em dando apenas ouvidos à inteligência, mas nunca se os compararmos a nós mesmos, que os excedemos em toda sorte de barbaridades" (Montaigne, 1972b: 107). A guerra nativa é nobre e generosa, não quer conquistar, não afronta a liberdade natural.

O motor dessa reflexão é uma comparação evidente despertada pelas descrições dos viajantes. Quando se pensa nos outros, se reflete sobre si e Montaigne, cheio de pessimismo e ceticismo quanto à vida na Europa, encontra nessa descrição os contornos para pensar o próprio ceticismo. Perto da natureza, longe da corrupção, este é o lugar extremo ocupado pelos indígenas americanos. Mesmo o mais perturbador dos atos, o canibalismo, é marcado por uma lógica guerreira nobre e generosa. Longe da natureza e perto da corrupção, esse é o lugar da Europa com suas atrocidades sem lógica, sem nobreza e marcadas pela distância ao "autêntico". O avanço do espírito é a decadência do homem. Temos, portanto, duas descrições que se superpõem: uma reflexão sobre o outro, que só pode ser vista em contraste com o eu. Falar do outro é dizer algo de si, entender o outro é pensar a si. Esse é um motivo antropológico fundamental e que, como afirma Lévi-Strauss, informa qualquer descrição etnográfica.

Segundo Lestringant:

> o lugar-comum primitivista não passava de mera etapa no raciocínio, assim como a referência à república ideal de Licurgo e Platão. A fórmula negativa representa o momento da tábula rasa, a partir do qual se torna possível a reconstrução antropológica. Pois Montaigne estabelece um quadro de referência apenas para extrapolá-lo e escapar dele. A deriva supõe um ponto de apoio inicial. Se quisermos negar as ideias preconcebidas, é preciso começar por retomá-las, como lembrança e como baliza. (2006: 519)

Nos diz aqui Lestringant que as acusações frequentes de "primitivismo" atreladas à Montaigne não passam de leituras rasas, incapazes de perceber o movimento antropológico do texto: da semelhança e reconhecimento dos textos antigos à introdução do novo e espantoso mundo. Movimento que esconde um outro, que é a contraposição entre novo e velho mundo, revisto sob novas luzes justamente no seio dessa comparação. Como no final do texto, no qual Montaigne dá voz aos próprios indígenas, que teriam comentado sobre a vida na Europa: "há entre nós [europeus] gente bem alimentada, gozando as comodidades da vida, enquanto metades de homens emagrecidos, esfaimados, miseráveis mendigam às portas dos outros [...] e acham extraordinário que essas metades de homens suportem tanta injustiça sem se revoltarem e incendiarem as casas dos demais" (Montaigne, 1972b: 109).

Em outro capítulo dos seus *Ensaios*, intitulado "Dos Coches" (1972a), Montaigne volta à questão da América dez anos depois. Nesse texto enfatiza a destruição fantástica e assombrosa que a Europa impôs à América "Quantas cidades arrasadas, quantos povos exterminados! Milhões de indivíduos trucidados, em tão bela e rica parte do mundo, e tudo por causa de um negócio de pérolas e pimenta! Miseráveis vitórias! Nunca a ambição incitou a tal ponto os homens a tão horríveis e revoltantes ações!" (Montaigne, 1972: 417). Se *Dos canibais* lembra a idade do ouro do ex-selvagem recente, "Dos coches" destaca a destruição da América, particularmente dos impérios asteca e inca. Da gênese ao apocalipse.

Nesse capítulo, assim como nas suas *Cartas persas*, a voz da narrativa passa ao nativo, dando exemplo de uma metodologia radicalmente antropológica. Montaigne nos apresenta uma reversão do ponto de vista, operando com o leitor como expectador da fala radical do outro. No caso de "Dos coches", a fala se dá entre indígenas e conquistadores. Tomando das descrições dos cronistas espanhóis, como Gomara, conta como o encontro acaba mal para os indígenas que falam muito, sendo todos massacrados ou escravizados no encontro com os espanhóis em 1509. Eis a fala do nativo, na inversão de Montaigne:

> Assim responderam os indígenas: que seu rei, visto que por ele pediam, devia ser indigente e necessitado; quanto àquele que dera o território ao monarca, por certo amava as dissensões, pois cedia a um terceiro terras que não lhe pertenciam e o fazia correr o risco de lutar contra os verdadeiros donos; que não recusariam víveres; que possuíam pouco ouro e não o apreciavam (porquanto tinham por objetivo tão somente viver felizes) e podiam os espanhóis levar o que encontrassem, salvo o que se

destinasse ao culto; que lhes agradavam as palavras acerca da existência de um Deus único, mas não queriam mudar de religião porque há muito haviam se afeiçoado à sua; que só aceitam conselhos de seus amigos e conhecidos; quanto às ameaças parecia-lhes insensato dirigi-las a um povo cujo poderio e caráter os recém-chegados ignoravam; que os estrangeiros se apressassem pois em partir porquanto eles, os autóctones, não estavam acostumados a acolher com benevolência os doestos de gente armada e forasteira [...]. (Montaigne, 1972: 417-8)

Aqui o discurso indígena é uma resposta às declarações de posse espanholas, quando um oficial lia um documento aos indígenas comunicando que eles deveriam se converter e se submeter ao julgo do rei espanhol. A descrição das atrocidades na América é sombria e destaca a mesma perfídia e distância do estado natural de *Dos canibais*.

Dessas reversões resta uma alma antropológica em Montaigne: pronto a entender ceticamente a própria sociedade perante a descrição do outro. Resta também o valor que estas descrições tiveram para o pensamento do novo mundo na França e Europa, no qual o destaque que Montesquieu dá aos tupinambás de Léry e Thevet terá reverberações por todo renascimento e iluminismo, no qual Rousseau se debaterá com questões muito similares às de Montaigne.

ROUSSEAU E A NATUREZA DO HOMEM

Nessa parte da aula, vamos lidar com o texto de Rousseau e suas imaginações da natureza humana, buscando entender como ele precisa articular uma série de informações etnográficas para sustentar seu argumento. Mais do que pensar sobre sua versão do "bom selvagem", impregnada de preceitos seus, como há de ser qualquer descrição do outro, procuraremos pensar seu método e sua reflexão como ressonâncias dos argumentos europeus sobre a nobreza do selvagem, algo que vimos se manifestar no trabalho de Montaigne quase 200 anos antes.

Esses 200 anos de diferença produziram um acúmulo de discussões sobre a razão, o desenvolvimento de um pensamento científico e de mais conhecimento sistemático sobre outras populações, como vimos no capítulo anterior. Rousseau contesta a sociedade monárquica. Cabe aqui pensar no *Discurso sobre a origem da desigualdade* como instrumento para discutir um princípio básico do seu pensamento: o pessimismo com a razão e o elogio da natureza: a primeira produzindo desigualdade e segunda sendo sempre igualdade. Apesar de contrário às guerras e à violência, Rousseau deixa escapar na introdução ao seu *Discurso sobre a origem da desigualdade* uma ressonância com a ética guerreira. Diz ele, pensando numa cidade ideal: "se seus cidadãos fossem exercitados em armas, seria mais para manter entre eles o ardor guerreiro e a altivez de coragem que se enquadram tão bem com a liberdade e alimentam o seu gosto do que pela necessidade de garantir sua própria defesa" (Rousseau, 1973: 225).

Aqui vemos uma reverberação de um processo encontrado também em Montaigne: a valorização da ética guerreira "nobre", de uma nobreza europeia. O ardor guerreiro é bom e combina com a liberdade. Essa frase nos indica como Rousseau pensa num selvagem nobre e, ao mesmo tempo, guerreiro, assim como Montaigne. Podemos nos perguntar sobre o quanto essa conformação entre éticas guerreiras não permitiu uma pressuposição do bom selvagem, ou nobre selvagem, entre os povos americanos. Seria o bom selvagem apenas o nobre guerreiro perdido?

Mas a questão de Rousseau é ver por trás da sociedade. Como pode imaginar a sua própria existência original do homem, imaculada pela sociedade? Esse pressuposto já expõe a premissa de que a sociedade é, de alguma forma, exterior ao homem: não está na sua natureza viver em sociedade (hoje diríamos genes). Em sua natureza está a vida antes da sociedade. Assim, ele propõe uma busca para trás, quando éramos todos iguais aos animais, perfazendo uma espécie de narrativa mítica similar à de muitos mitos ameríndios, na qual homens e animais eram, a princípio, semelhantes.

O distanciamento do estado original da sociedade gera um princípio de desigualdade: como alguns permaneceram mais tempo que outros no estado original da natureza, o diferencial de afastamento é um primeiro motor de desigualdade. De certa forma, temos um lamento pela perda de uma igualdade inicial, gerando uma distinção que veremos ser cada vez mais nefasta. Mas, ao mesmo tempo, se lamenta a decaída de um estado original de igualdade, admite a si mesmo que a imaginação de um estado de origem pode ser apenas uma tarefa intelectual. Tarefa, entretanto, fundamental, pois apenas com ela podemos julgar exatamente nosso estado presente.

O primeiro passo é definir a ideia de "lei natural", pois ela fundamenta toda a reflexão posterior. Assim ele as define: "Começa-se por buscar as regras em que, para utilidade comum, seria oportuno que os homens conviessem entre si; ademais, dá-se o nome de lei natural à coleção dessas regras, sem outra prova além do bem que, segundo supõem, resultaria de sua prática universal" (Rousseau, 1973: 236). Antropólogos modernos reconhecerão nesses parâmetros algo da perspectiva levistraussiana sobre os universais. À lei natural, para assim ser chamada, é preciso que todos obedeçam inconscientemente e que ela seja expressa sempre pela voz da natureza. Para Rousseau, são dois os princípios anteriores à razão: a vontade da própria conservação e a piedade natural em relação ao sofrimento dos nossos semelhantes.

As desigualdades podem ser físicas ou naturais, aquelas que existem nas diferenças dos corpos, ou podem ser morais ou políticas, que dependem do consentimento dos homens para existir. Essas últimas resultam nos privilégios, na riqueza e no poder. É sobre a origem da segunda que trata o livro. O princípio é a imaginação do tempo antes da sociedade: os corpos eram mais fortes, mais ágeis e mais potentes. Vivia-se apenas daquilo que seu próprio corpo pudesse realizar. Se Hobbes (2019) imagina que o homem natural é violento e temerário, o contrário o imagina Rousseau, assim como **Cumberland** (2005) e Pufendorf (2007). E, para auxiliar na reflexão de um homem natural "tímido" e tranquilo, traz para si o auxílio de relatos sobre os caraíbas da Venezuela, a partir de obras de viajantes – nesse caso, citando **Francisco Coreal** (1722), cujas descrições ilustram indígenas sem medo de feras e vivendo sem inconveniente nas selvas.

A vida em natureza seria simples, uniforme e solitária e todos os males derivariam de um estado de vida em tudo contrário à natureza, na qual a reflexão é o motor da desigualdade: "o homem que medita é um animal depravado" (Rousseau, 1973: 247). A própria vida em sociedade é um estado não natural e acaba por debilitar ao homem sua força e coragem; valores que aparecem como absolutos e aqui há nova ressonância entre indígenas e valores europeus, uma vez que tais valores não são mais seguidos e, portanto, retratam a decadência da vida em sociedade.

Com o dom natural de se aperfeiçoar, o homem vê-se em meio a uma dinâmica que o tira do tempo, da felicidade original: o faz se distanciar cada vez mais do estado original. Ambientes mais hostis produzem mais aperfeiçoamento (indústrias) já que os homens nessa situação precisam aprimorar mais suas técnicas de sobrevivência e, por isso, se afastam mais rapidamente da felicidade original. Em locais onde a vida não é tão atrapalhada pelas intempéries do tempo e da geografia, as populações permaneceram mais perto da natureza, o que seria o caso, obviamente, das sociedades americanas. Vivendo numa afluência original, esses não experimentam da miséria que só existe entre os civilizados, pois é na vida em sociedade que subsistem os males que resultam na miséria de muitos.

Nesse cenário, a perspectiva hobbesiana de um selvagem mau e violento ignora o fato de que este impõe ao selvagem original males que só podem existir em sociedade, além de ignorar que a piedade, única virtude natural do homem, é um motor a evitar a guerra de todos contra todos. É a razão que cria o egoísmo e ela é em si má, pois impede a piedade natural de se manifestar. A piedade tem um caráter de conservação da espécie, pois combinada com o desejo de autopreservação, contribui para a subsistência geral. Assim, deduz-se que a razão é responsável pelo rompimento com esse equilíbrio natural, com destino à autodestruição (o que parece acontecer em tempos contemporâneos).

Voltando à imaginação do homem natural e a se contrapor a Hobbes, a questão para Rousseau é que o homem natural está tão preocupado em se proteger e sobreviver que não deseja fazer mal aos seus iguais, aos quais encontra pouco devido ao seu estilo de vida solitário que não convive com o "amor moral", pois este depende de pensamentos abstratos que os selvagens não têm. E aqui intervêm os sinais de um sistema de hierarquização rousseauniano, pois a justificativa dada para o fato de que os amantes caraíbas sentem menos ciúmes entre si é de que esse povo se distanciou menos do estado de natureza. E isso mesmo vivendo num "clima abrasador que sempre parece emprestar a tais paixões uma atividade maior" (Rousseau, 1973: 262).

Aqui temos um conjunto de pressuposições: a de que os caraíbas são mais próximos à natureza e que o clima quente enseja maiores volúpias ao pecado. As premissas do "clima quente" associadas a uma moralidade demoníaca (ou dionisíaca) é um tema que tem grande destaque entre muitos viajantes e intelectuais e veremos algo disso no capítulo "A América e formação do outro: poder e representações". O tema da proximidade com o estado de natureza é o embrião de um sistema de classificação medido pela distância em relação ao estado original. A curiosidade desse sistema é que ele é hierárquico em dois sentidos, mais inteligência, mais decadência; menos inteligência, mais autenticidade: os caraíbas estão mais próximos da natureza e por isso têm menos capacidade de razão (raciocínio) e, por outro lado, são menos corrompidos que os demais povos.

Dessa dupla hierarquia, podemos tirar duas conclusões. Uma é que Rousseau trabalha com um método antropológico/etnográfico, pois usa como resposta a suas questões teórico-filosóficas as narrativas sobre a diferença que imagina comprovarem os seus pontos de vista. O material extraído dos viajantes opera como um acervo etnográfico que lhe permite pensar sobre a razão e sobre a vida em sociedade, usando das distintas experiências como motor de análise: como, por exemplo, que o "pouco ciúme" entre os caraíbas é prova de sua proximidade com a natureza (e ao mesmo tempo de sua obtusidade). Importa notar aqui que a qualidade do dado etnográfico não é ainda uma questão, já que um discurso científico de construção de hipóteses a partir de dados confiáveis ainda não seria possível. Outra conclusão é sobre a dubiedade da noção de razão e de sua crítica a ela: por imaginar que a razão é o motivo da corrupção e decadência dos europeus, parece ser de bom alvitre considerar os indígenas incapazes de raciocinar como os civilizados. Isso é conveniente por deixá-los perto de um estado natural ideal e ingênuo, mas, ao mesmo tempo, significa chamá-los de torpes e estabelecer hierarquias de decadência em que o decaído é mais inteligente que o não decaído. A liberdade tem seu preço no esquema rousseauniano: o preço é a estupidez.

A igualdade original se dá, portanto, entre homens incapazes de pensamento abstrato. A desigualdade é o resultado do mais puro raciocínio lógico. O modelo é produtor de um primitivismo idílico e, ao mesmo tempo, condescendente com a autenticidade imbecil atribuída aos indígenas. Aqui estamos um pouco distantes de Montaigne, que se esforça em dar sentido às lógicas dos tupinambás, muito mais que explicar um próprio modelo de evolução decadente da igualdade natural à desigualdade civilizada. Numa comparação contemporânea, a Antropologia de Montaigne é mais fiel ao pensamento indígena, mesmo inserindo aí uma série de motivos do pensamento europeu que a de Rousseau, que se utiliza dos "dados" apenas para legitimar a própria reflexão organizada numa evolução de um estágio a outro.

Talvez essa mudança seja significativa de momentos distintos, em que Montaigne tinha a seu favor certa liberdade dada pela novidade e espanto com o mundo novo, ao passo que Rousseau encarava o mundo novo a partir de ideias muito mais consolidadas e enrijecidas. Talvez vejamos em Rousseau mais um momento no caminho da constituição de narrativas de evolução sistemática, cujas informações sobre os outros apareceriam apenas como pontos numa escala, como encontraremos no século XIX.

O que se segue no *Discurso sobre a origem da desigualdade* é uma narrativa de uma evolução após a superação desafortunada do estado de natureza. A origem dos males é a instituição da propriedade, o primeiro passo para a sociedade e "derradeiro limite do estado de natureza" (Rousseau, 1973: 288). A narrativa segue assim: o engenho para a sobrevivência gera resultados diferentes, que podem ser comparados, gerando, consequentemente, uma reflexão sobre as coisas feitas que produzem, por fim, o orgulho de si (por fazer mais, ou melhor, ou mais bonito). Os homens passam a olhar para os próprios semelhantes, isso promove a junção *ad hoc* de bandos para objetivos específicos, que se desmanchavam a seguir. Até aqui a linguagem não é necessária.

O engenho dos homens leva à produção de abrigos melhores, que passam a ser vistos como propriedade e acomodam mais pessoas, havendo, consequentemente, uma tendência à formação de famílias. Temos aqui uma passagem nebulosa entre habitação e família: por que é o abrigo que dá origem à família e não o contrário? Mas o resultado dessa situação é uma diferenciação nos trabalhos entre os sexos. Uma vida nesse novo modo de organização gera mais tempo para criar comodidades, tempo que é a fonte dos males, pois acelera o desenvolvimento da linguagem e a própria capacidade criativa. Essas passagens são cheias de contradições e a principal diz respeito ao tempo livre: ele é pai do desenvolvimento da razão, no caso de uma sociedade civilizada e decadente. Entretanto o mesmo tempo livre é sinal da proximidade maior dos nativos com o estado de natureza, uma vez que eles não foram escravizados pelo trabalho.

O que se vê, na sequência de Rousseau, é uma lenta reunião dos homens em nações, onde noções de beleza e vaidade surgem, gerando os primeiros desiguais (o mais belo, o mais hábil). Nesse processo de construção de uma história da desigualdade após a sociedade, Rousseau chega a uma pequena teoria da evolução, na qual o estágio primeiro é o estado de natureza, seguido de um estágio intermediário, ocupado pelos indígenas. A seguir, a decadência da civilização. Esse tempo intermediário seria o mais longo e por isso quase todos os selvagens encontrados estariam nessa situação. Após o estágio intermediário dos indígenas, veríamos o surgimento gradual do indivíduo e toda história da sociedade seria, ironicamente, um desenvolvimento do indivíduo e, com ele, um avanço à "decrepitude da espécie" (Rousseau, 1973: 270).

O lugar da descrição etnográfica é diferente daquele dado por Montaigne, que faz surgir da descrição algum senso de dignidade em relação aos indígenas. Segundo **Starobinski**, "Rousseau procura fundar um julgamento moral referente à história, de preferência a estabelecer um saber antropológico" (1991: 36). Saber antropológico que parece emanar mais do texto de Montaigne, por exemplo.

Segundo Rousseau:

> Enquanto os homens se contentaram com suas cabanas rústicas, enquanto se limitaram a costurar suas roupas de peles com espinhos de plantas ou espinhas de peixes, a enfeitar-se com penas e conchas, a pintar o corpo com diversas cores, a aperfeiçoar ou embelezar seus arcos e flechas, a talhar com pedras cortantes algumas canoas de pescadores ou alguns instrumentos grosseiros de música, em suma, enquanto se aplicaram apenas a obras que um homem podia fazer sozinho e a artes que não precisavam do concurso de várias mãos, viveram tão livres, sadios, bons e felizes quanto o poderiam ser por sua natureza. (1973: 270)

A seguir, ao produzir coisas com auxílio de outros, a desigualdade se desenvolveu. O começo da citação é uma descrição, baseada nos relatos dos viajantes, provavelmente, em terras sul-americanas. Mas a descrição não entra como um índice de explicação ou mesmo da possibilidade de uma justaposição crítica, como no discurso de Montaigne. Ela representa uma parte cristalizada de um processo de evolução do modelo rousseauniano, cujas práticas que podem ser realizadas solitariamente seriam indício de proximidade com o estado de natureza. Mas se tomássemos a descrição de Montaigne[2] da construção de uma habitação tupinambá, essencialmente coletiva, veríamos que há um problema na aplicação dos dados. Esse exercício que proponho é um processo comum à Antropologia contemporânea: a comparação de dados, testando as hipóteses explicativas.

Nesse caso, Rousseau teria os elementos, na própria curta descrição de Montaigne, para duvidar que fosse possível construir cabanas, pintar, costurar, enfeitar-se etc., sem a ajuda de outros. Ou seja, essas atividades são essencialmente coletivas e provam, de certa forma, que os caraíbas não estão tão perto assim do estágio de natureza proposto por ele. Em termos de uma reflexão antropológica, temos uma discussão etnográfica em que os dados das descrições estão sendo torcidos em favor de um modelo explicativo.

Nesse modelo rousseauniano segue a agricultura, que necessita da propriedade, o que leva a regras de justiça. Em tal contexto, as diferenças entre os indivíduos produzem distinção na acumulação. E aqui não sabemos exatamente como a diferença física – e, portanto, natural, no modelo de Rousseau – é ou não responsável pela diferença de acumulação e da subsequente produção de desigualdades (se esse for o caso, retornamos para o fato embaraçoso que, no final, é a diferença natural – física – que gera a desigualdade moral). Mas Rousseau contorna o problema dizendo que o fator da diferença natural (física) só entra em questão quando já há um cenário de sociedade consolidado. Um tanto tortuosa a explicação, mas é preciso evitar concluir que a diferença está dada na natureza, ou toda a crítica à desigualdade a partir de um modelo de "estado de natureza" vai por água abaixo, já que é preciso que esse produza apenas igualdade para o argumento de Rousseau funcionar a contento.

Mas dessa diferença física que no estado de sociedade impulsiona a desigualdade surge um dos males da civilização: os males que vêm com a distinção entre ser e parecer (portanto, sobre inautenticidade). De agora em diante, é preciso parecer ser outra coisa do que se é, a fim de também acumular como os que são efetivamente diferentes (fisicamente). Para Starobinski, a ruptura entre ser e parecer engendra, na obra de Rousseau, outros conflitos (bem/mal, natureza/sociedade, homem/deuses, entre o homem e ele próprio). O desenvolvimento da sociedade e suas regulações sobre a propriedade vão gerar, precisamente, o estado de guerra entre todos, que Hobbes pensava estar contra a própria ideia de sociedade. A regulação desse confronto gera as instituições de controle (como o Estado), manipulado pelos interessados em controlar a distribuição de bens que lhes é favorável (os ricos). Esse momento do processo evolutivo da desigualdade representa o fim da liberdade individual, estabelecendo-se definitivamente a propriedade e a desigualdade e a concomitante sujeição dos pobres ao trabalho e à servidão. O Estado é sujeição da liberdade, e aqui, novamente, os dados etnográficos entram para corroborar o argumento: as descrições das resistências dos povos "intermediários" à privação de sua liberdade (enfrentando fome, fogo, ferro e morte) são exemplos da independência desses povos. Esse é um primeiro elemento para a definição das sociedades indígenas como sociedades "contra o Estado", como afirmaria, quase dois séculos depois, **Pierre Clastres** (2014), um dos alunos mais brilhantes de Lévi-Strauss.

Decorre dessa argumentação que vida e liberdade são dois dons essenciais da natureza e, portanto, não se pode transacionar com eles como se fossem mercadorias. Essa postura é profundamente radical e antiescravista. Para terminar seu ensaio, Rousseau afirma:

> Basta-me haver provado que não é esse o estado original do homem, e que o espírito da sociedade e a desigualdade que ela engendra é que mudam e alteram assim todas as nossas inclinações naturais [...] a desigualdade, sendo quase nula no estado de natureza, extrai sua força e seu crescimento do desenvolvimento de nossas faculdades e dos progressos do espírito humano e torna-se enfim estável e legítima pelo estabelecimento da propriedade e das leis. (Rousseau, 1973: 288)

Vemos na obra de Rousseau um tom amargo, marcado pela ideia de impossibilidade de comunicação humana. Como afirma Starobinski, o paraíso de Rousseau é marcado pela transparência (como a autenticidade dos homens naturais), que está condenada à opacidade na vida em sociedade. A tensão entre parecer e ser preconiza que nunca se sabe exatamente, na vida em sociedade, com quem se fala, já que todos parecem ser algo que não são: não há transparência. Assim, "é preciso viver na opacidade" (Starobinski, 1991: 22). A teoria do estado de natureza pressupõe uma ideia de infância perdida. O tempo está dividido entre o tempo estável da inocência e o tempo histórico, da negação da natureza pelo homem. O resultado dessa reflexão, em termos de uma posição antropológica de Rousseau, é destacado por Starobinski: deveríamos "conservar assim aqueles que têm a felicidade de sê-lo" (Rousseau apud Starobinski, 1991: 24).

CONCLUSÕES

O filósofo Marcondes (2012), seguindo **Popkin** (2000), indica que no século XVI, o século de Montaigne, há uma retomada do ceticismo filosófico da Antiguidade e dos textos céticos que tiveram implicações no debate iniciado com os relatos dos viajantes. A Filosofia cética lidava com a possibilidade do conhecimento e de sua justificação, com a dúvida sobre a possibilidade da certeza no âmbito do conhecimento ou da ação. Essa incerteza foi ofuscada pela posição de **Santo Agostinho** (Pirateli, 2009), que defendia uma doutrina de natureza humana universal (centrada em Cristo e no potencial de todos os povos em se tornarem cristãos).

A questão cética levantada pelos descobrimentos era justamente a da existência da natureza humana universal: que critérios disporíamos para definir a natureza humana, diante da extrema diversidade das culturas? Para Marcondes, essa dúvida se acentuaria com a descoberta da diversidade dos povos do novo mundo (opinião contrária à de Lévi-Strauss, como veremos). Montaigne, impregnado de influências céticas, colocaria em questão a própria superioridade moral europeia, pois todos os povos são estranhos sob diferentes pontos de vista. É a dúvida de Montaigne que prepararia o terreno para um novo conhecimento, o que se pode perceber com o uso do termo "cultura", talvez o primeiro de que se tenha registro, segundo Marcondes.

Lévi-Strauss (1992), por sua vez, lembra que **Lucien Febvre** (2009) destaca como as descobertas das grandes viagens parecem não ter impactado o pensamento europeu nas décadas subsequentes. Mas, pergunta-se Lévi-Strauss, e Montaigne? As descrições detalhadas dos tupinambás, sem julgar ou avaliar moralmente, tinham tudo para espantar as almas católicas do velho mundo. Principalmente por fazer comparar, como vimos anteriormente, as atrocidades do outro com as do eu. O aforismo montaigneano, de que toda sociedade parece selvagem quando se julgam seus costumes por um critério de outra indica o caminho de um relativismo antropológico futuro. Ao mesmo tempo, por esse mesmo critério, nenhuma sociedade pareceria selvagem, pois qualquer costume terá seu lugar legitimado em seu contexto.

Para Lévi-Strauss, essa postura indica um radicalismo cético de Montaigne, pois o resultado é *um questionamento da possibilidade da razão em si*. Montaigne nega à razão qualquer poder, num ceticismo radical. A consequência do novo mundo para a ciência seria o renascimento do ceticismo, com a revelação das diferenças. O fato de Montaigne destacar na mesma proporção as diferenças e as igualdades entre costumes do velho e novo mundo acaba por dar ênfase à fragmentação e à impossibilidade da comparação (e de qualquer projeto universalista). Assim, Montaigne empurra, na leitura de Lévi-Strauss o relativismo cultural até seu limite, negando que possam existir leis universais. Lévi-Strauss considera essa postura um problema, dada a sua própria preocupação com um projeto universalista. Montaigne é portador, portanto, de um niilismo filosófico: "recusando [...] por antecipação, o universalismo das Luzes e as pretensões transcendentais da fenomenologia, reduz todo e qualquer modo de conhecimento a nada" (Lévi-Strauss, 1992: 195).

Entende-se por que, no pensamento de Lévi-Strauss, Montaigne significa o fim das possibilidades da Antropologia, ao passo que Rousseau significa, ao contrário, o começo, por inaugurar uma reflexão fundamental e constituinte do projeto antropológico de Lévi-Strauss: a imaginação de uma passagem do estado de natureza para o estado de cultura, marcando o início da vida em sociedade. No livro *Totemismo hoje* (1980), Lévi-Strauss afirma que o *Discurso sobre a origem da desigualdade* é o primeiro tratado de Antropologia em língua francesa, pois coloca justamente essa questão como fundamental. A hipótese de Rousseau de que essa passagem pode ser apenas hipotética marcaria a definição da Antropologia como uma ciência lógica e não histórica (Pimenta, 2004). O que Rousseau nos oferece é a teoria de uma sociedade mínima (a que acaba de conceber a propriedade).

Assim, para Lévi-Strauss (1976), o fundador da Antropologia (Etnologia) é Rousseau, e não Montaigne, já que o primeiro pensava abstratamente a humanidade e o segundo negava a possibilidade de tal uso da razão em função das diferenças de perspectivas. Podemos pensar que, entre esses dois polos, muito do que hoje conhecemos como Antropologia moderna se constituiu, podendo encontrar neles as genealogias a se formar. Muitas das críticas dirigidas a Lévi-Strauss têm exatamente o caráter cético da perspectiva de Montaigne, e muito da perspectiva universalista do estruturalismo deve a Rousseau um primeiro impulso.

AULA 3

A América e formação do outro: poder e representações

Trataremos aqui da emergência do conhecimento antropológico junto aos fenômenos históricos que lhe deram ensejo, ou que, pelo menos, a Antropologia encara como lhe dando ensejo. Nos capítulos "Pré-antropologia" e "Montaigne e a comparação pessimista. Rousseau, antes da sociedade e depois", olhamos para esses momentos e para as obras de autores a partir de um ponto de vista essencialmente euro-americano. Num caso, vimos como antropólogos veem a pré-história da própria disciplina, atrelando-a sempre às narrativas sobre a diferença que foram produzidas em vários momentos da história pregressa à Antropologia "propriamente dita", que todos concordam ter iniciado por volta da metade do século XIX. Noutro caso lidamos com dois autores europeus muito importantes para definir algo da tensão presente na Antropologia entre pontos de vista radicalmente relativistas e as tentativas de universalização de uma reflexão sobre o humano.

Porém, esses capítulos resultam num olhar europeu sobre os processos históricos que geraram a diferença, no caso com destaque para a descoberta da América. Para fechar esse ciclo, pretendo nesta aula oferecer outra perspectiva sobre o mesmo processo, agora a partir de autores não europeus (ou, no caso de **Tzvetan Todorov**, de europeus da periferia, pois ele é búlgaro). Através do trabalho do mexicano **Edmundo O'Gorman**, do búlgaro e da brasileira Laura de Mello e Souza,[3] busco contrabalancear a mirada europeia sobre a diferença produzida no "encontro" entre europeus e americanos. O'Gorman (1992) apresenta uma reflexão sobre Colombo e sua concepção de diferença, produzindo uma análise do que ele chama de "invenção da América". Todorov (1982) tenta compreender a conquista europeia a partir de um ponto de vista nativo, com todos os limites que essa empreitada enfrenta, ao passo que Mello e Souza (1986) narra, mais perto de nós, as formas como a América (no caso, o Brasil) é narrada por fontes portuguesas, completando um quadro sobre a imaginação europeia da América, baseando-se em fontes portuguesas, principalmente.

A intenção da aula é contrastar o valor que a diferença teve para organização de uma disciplina, para o entendimento de processos históricos e para a constituição de filosofias no mundo ocidental com um ponto de vista que emerge das margens desse sistema, mesmo que muito no futuro. Esse exercício de justaposição e reversão é importante para refletirmos sobre o pensamento a respeito da diferença e entender como os nativos americanos tiveram papel relevante na constituição futura de um pensamento antropológico.

O'GORMAN E A INVENÇÃO DA AMÉRICA

Inicialmente, O'Gorman faz algumas reflexões sobre o uso do termo "invenção", dizendo que o usa por entender a história como um processo ontológico, de construção de identidades históricas. Assim, para pensar o aparecimento histórico da América é preciso entender esse processo como resultado de processos de invenção do pensamento ocidental. Isso permite reconstruir a ideia de que a América foi de fato descoberta. Assim, interessa a O'Gorman entender "como no seio de uma determinada imagem do mundo, estreita, particularista e arcaica, surge um ente histórico imprevisto e imprevisível [as Américas] que, ao ir-se constituindo, age como desorganizador da velha estrutura, sendo ao mesmo tempo, o catalisador que provoca uma nova e dinâmica concepção de mundo" (O'Gorman, 1992: 20).

Para O'Gorman é lícito duvidar da interpretação de que a América foi descoberta e questionar se devemos continuar a pensar dessa maneira. O pressuposto do descobrimento era fundado numa ideia prévia e seria preciso ver quando se pensou assim pela primeira vez e por que ainda se pensa assim. O'Gorman afirma que a ideia do descobrimento foi gerada na lenda do relato do Piloto Anônimo, a qual Colombo teria acesso, segundo Las Casas. Por isso se supõe que o objetivo da viagem era descobrir novas terras e não chegar às Índias. Mas O'Gorman acha que essas narrativas servem apenas para ocultar o real objetivo asiático das viagens.

Em 1526, Gonzalo Fernandez Oviedo, distanciando-se da lenda, afirma que não se tratava de regiões indeterminadas, mas de um continente "imprevisível". Mas para se afirmar que Colombo revelou a existência de algo assim, era importante mostrar que teve consciência disso. A primeira dúvida sobre o descobrimento opunha Colombo ao Piloto Anônimo como descobridores. Oviedo acha que Colombo é o responsável, enquanto Francisco Lopes Gomara (1979) atribui a descoberta ao Piloto Anônimo.

O fato é que o próprio Colombo esteve convicto de desembarcar em terras asiáticas. Para Las Casas, Colombo teria sido escolhido para realizar o desígnio divino, numa missão para que Cristo chegasse aos povos daquela porção do mundo. A viagem foi, na verdade, uma tentativa de ligar a Europa à Ásia pela rota do Ocidente, conforme uma sucessão de escritores que debateu essa questão: **Herrera** (1601), **Beaumont** (1932), **Robertson** (1783), **Navarrete** (1837), **Irving** (1828), **Morison**; Raisz; Greene (1942), entre outros.

O'Gorman se pergunta: por que existe a ideia da descoberta da América? Como ela se manteve contra as evidências empíricas? Como é possível surgir a ideia de casualidade? A origem está numa confusão do pensamento ocidental: o de que o ser das coisas é imutável. O'Gorman assume outra perspectiva: as coisas não têm em si um ser, esse é sempre atribuído por alguém. Assim, é um erro imaginar que a América sempre foi e sempre será a mesma coisa. Como, então, apareceu a ideia da América na consciência europeia? Na cosmologia do século XV, dominava o esquema ptolomaico-cristão do universo. As ideias antigas remetiam a uma geografia do mundo que imaginava a *"Ilha da Terra"* (a porção de terra do mundo) como diminuta, cercada por três quartos de água. Havia conectada a essa a ideia de uma ilha antípoda ao sul, povoada de seres não humanos (essa ideia não era aceitável pela Igreja). Outra hipótese era a da *Ilha da Terra* enorme, que se vinculava a Aristóteles, e era propícia a imaginar uma viagem para o atlântico, numa circum-navegação.

Temos nessas hipóteses uma mudança de uma sensação de enclausuramento para uma ideia de fronteiras de conquista. As terras que Colombo começou a mostrar acabaram por ser imaginadas como um mundo novo numa *Ilha da Terra* enorme e explorável. Mas Colombo vê apenas a Ásia. A imagem que ele tinha da *Ilha da Terra* lhe permitiria supor estar em sua parte oriental, mesmo contra todas as evidências. A ideia da *Ilha da Terra* se impôs como verdade indiscutível: aquilo pertencia ao *Orbis Terrarun*. Para se apoderar daquelas terras, a coroa espanhola precisava defini-las como um objeto. E seriam definidas como "ilhas e terras firmes" localizadas na parte ocidental do mar Oceano.

Pedro Mártir de Anglería (1944) contesta Colombo, afirmando que ele regressara das "antípodas ocidentais", ou seja, outras terras que não as da *Ilha da Terra*. Essa visão está por trás do dilema do tamanho do *Orbis Terrarun*. Anglería chama essas terras de *Novus Orbis*. Esses pontos de vista a princípio não entram em conflito, mas lentamente o choque levará a um abandono da ideia de *Ilha da Terra*, acompanhada de uma nova forma de verem a si próprios (tendo resultado em pessoas como **Cortez**, conforme veremos adiante).

Os debates em torno do que seria aquela terra levantaram também a hipótese de Colombo ter chegado no paraíso terrestre, o que também era possibilidade no pensamento antigo (para o qual ele ficava sempre no fim do Oriente). Ele estaria rodeado de águas doces. É Vespúcio (1951) que afirma que aquele novo pedaço de terra não era o velho Oriente, a segunda península de Marco Polo. Era terra firme separada do *Orbis Terrarum* pelo mar. É, portanto, um novo mundo: não previsto, não escrito. Vespúcio "abriu a possibilidade [...] de imaginar a totalidade das terras achadas de um modo que ultrapassa o marco das concepções e premissa tradicionais" (O'Gorman, 1992: 165). A ideia da *Ilha da Terra* estava em crise.

Lentamente passou a se atribuir à nova entidade um ser específico e "um nome próprio que a individualiz[ass]e" (O'Gorman, 1992: 178).

Organizou-se uma dupla articulação: as terras encontradas eram, ao mesmo tempo, separadas e faziam parte do *Orbis Terrarun*, como uma quarta parte até então desconhecida.

> A questão é clara: a partir do momento em que se aceitou que o *Orbis Terrarun* era capaz de ultrapassar seus antigos limites insulares, a arcaica noção do mundo como circunscrito a uma só parcela do universo, bondosamente destinado por Deus ao homem, perdeu sua razão de ser e se abriu, em troca, a possibilidade que o homem compreendesse que no seu mundo cabia toda a realidade universal que fosse capaz de se apoderar [...] que o mundo [...] não era algo dado e feito, mas algo que o homem conquista e faz [...] quando na *Cosmographiae Introductio*[4] se admitiu que as novas terras [...] constituíam uma das partes integrantes do mundo, reclamou-se pela primeira vez a soberania do homem sobre a realidade universal. (O'Gorman 1992: 185)

Qual é a nova visão de mundo decorrente e qual o ser que corresponde às novas terras? O fato é que a ideia de insularidade perde espaço, e a as novas terras são desconhecidas. A questão seria sobre a natureza daquelas populações que habitavam o novo mundo. Para O'Gorman, eles foram considerados partícipes da mesma natureza que os europeus, africanos e asiáticos. Assim se integram à história universal os indígenas, submetidos às suas concepções hierárquicas. "A consequência da redução dessas culturas à esfera própria da sociedade natural foi a de que o ser sui generis, que hoje se lhes reconhece, ficou anulado como carente de significado histórico 'verdadeiro' e sem qualquer possibilidade de receber os valores da cultura europeia" (O'Gorman, 1992: 198).

A própria definição da América como entidade anula a possibilidade de reconhecimento efetivo das populações nativas, por mais que em vários momentos esse reconhecimento viesse à tona esporadicamente (como no caso de Montaigne). O resultado é, entre outras coisas, a possibilidade mesma da conquista, como veremos a seguir, conforme a análise de Todorov.

TODOROV E O PONTO DE VISTA ASTECA

O objetivo de Todorov (1982) em *A conquista da América* é buscar as imagens que os espanhóis têm dos indígenas. Ele nos diz:

> Quero falar da descoberta que o eu faz do outro. O assunto é imenso. Mal acabamos de formulá-lo em linhas gerais já o vemos subdividir-se em categorias e direções múltiplas, infinitas. Podem-se descobrir os outros em si mesmo, e perceber que não se é uma substância homogênea, e radicalmente diferente de tudo o que não é si mesmo; eu é um outro. Mas cada um de nós é um eu também, sujeito como eu. Somente meu ponto de vista, segundo o qual todos estão lá e eu estou aqui, pode realmente separá-los e distingui-los de mim. Posso conceber os outros como abstração, como instância da configuração psíquica de todo indivíduo, como o Outro, outro ou outrem em relação a mim. Ou então como um grupo social concreto ao qual nós não pertencemos. Este grupo, por sua vez, pode estar contido numa sociedade: as mulheres para os homens, os ricos para os pobres, os loucos para os 'normais'. Ou pode ser exterior a ela, uma outra sociedade que, dependendo do caso, será próxima ou longínqua: seres que em tudo se aproximam de nós, no plano cultural, moral e histórico, ou desconhecidos, estrangeiros cuja língua e costumes não compreendo, tão estrangeiros que chego a hesitar em reconhecer que pertencemos a uma mesma espécie. (Todorov, 1982: 3-4).

A questão é sobre o que levou Colombo a partir. E parece que não foi a ambição do ouro em si, que era apenas a forma de acalmar os que o acompanhavam e os que financiavam a viagem.

A fortuna é só o reconhecimento do seu lugar de descobridor. Ele queria de fato era chegar à China (Índia) e expandir o cristianismo. A riqueza teria como objetivo a libertação de Jerusalém dos mouros; uma motivação, portanto, profundamente religiosa. Para Todorov, Colombo não é um homem moderno e seu mundo é dividido em três esferas: a natural, a divina e a humana. Ele tinha fé na existência do paraíso na terra, e suas crenças influenciavam o que ele ia ver: confirmações para a sua verdade. O resultado é que Colombo tem pouca percepção dos indígenas: "A pouca percepção que Colombo tem dos indígenas, mistura de autoritarismo e condescendência; a incompreensão de sua língua e de seus sinais; a facilidade com que aliena a vontade do outro visando a um melhor conhecimento das ilhas descobertas; a preferência para terra, e não pelos homens. Na hermenêutica de Colombo, estes não têm lugar reservado" (Todorov, 1982: 39).

Todorov vê o encontro do velho e do novo mundo como uma guerra. E a dúvida, ao se pensar nesse encontro, é sobre o motivo da vitória. Afinal, Cortez contava com poucos homens e ainda assim derrotou **Montezuma** e seus milhares de soldados. As fontes usadas por Todorov são o relatório de Cortez, crônicas espanholas e relatos indígenas (transcritos pelos espanhóis). Assim, o limite da reflexão é especular o verossímil, não o verdadeiro: o enunciado e sua aceitação são importantes historicamente.

A campanha de Cortez aconteceu em 1519 e as razões mais comuns dadas para a vitória são as seguintes: 1) a ambiguidade de Montezuma, que não teria oferecido resistência. Ele teria mesmo ofertado o próprio reino e pedido para que os espanhóis fossem embora. Montezuma é visto, nessa perspectiva, como melancólico, resignado; como portador de uma síndrome de usurpação; teria deixado se prender, para evitar sangue, ou seja, ele se recusaria a usar seu próprio poder; uma das evidências da ambiguidade de Montezuma é o fato de que, após sua morte, seus sucessores lutam encarniçadamente contra os conquistadores.

Todorov elenca, assim, as razões usualmente dadas à derrota dos astecas, mas ele não se convence de que elas são de fato esclarecedoras. Ele procura destacar outras possibilidades. Entre elas estão as 2) dissensões internas, pois Cortez se aproveita das lutas internas, como aquelas com os tlaxcaltecas que, por exemplo, vão desfrutar posteriormente de pequenos privilégios na colônia espanhola no México por terem se aliado a Cortez. Os indígenas não reagiram justamente porque já eram colonizados e conquistados. Nessa perspectiva, Cortez aparece como mal menor. A experiência dos dominados pelos astecas era sombria: as mulheres roubadas, o imposto era semelhante, em tudo parece que os espanhóis assumiram a continuidade dos astecas e, por fim, parece que Cortez se legitimou entre a população, como na religião, usando os mesmos lugares de culto. Por outro lado, 3) é inegável a superioridade das armas espanholas: arcabuzes, canhões, cavalos, navios, varíola, cães de guerra. Todorov busca tirar desses fatores algo que os interligue e os explique: maias e astecas *perderam o controle da comunicação*.

As comunicações eram diferentes entre os povos. As noções astecas de comunicação se articulavam de outra maneira. A recepção das mensagens diferia: os indígenas interpretavam as mensagens a partir de oráculos e presságios. A história asteca é a realização de profecias anteriores e nada acontece sem ter sido anunciado: o mundo, portanto, é superdeterminado, destacando a importância da ordem. No contexto americano a noção de indivíduo não existe: é a sociedade o ser principal, tudo segue essa ótica, até a morte em si. O que se destaca é a importância da hierarquia.

A própria concepção de *saber* é diferente e é epistemológica: a questão é como saber, como interpretar os presságios. Não se pergunta "como fazer". A comunicação é regrada pela hierarquia e Montezuma se recusa a falar com os intrusos. De certa forma, temos uma paralisia nas comunicações, o que simboliza a derrota. Montezuma só pode agir através dos oráculos, e os espanhóis são algo completamente novo no esquema mental nativo. E, embora os relatos indígenas falem de presságios sobre os espanhóis, Todorov acha provável que sejam posteriores à descoberta.

Os fatos têm que estar na ordem da natureza, das crenças e o presente só é inteligível a partir da sua narração no passado. Essa comunicação indígena atrapalha a imagem que eles têm dos espanhóis (supostamente como deuses). Os espanhóis, por conseguinte, não estão no quadro de alteridades asteca. E embora a ideia de que eram deuses tenha durado pouco, durante a conquista foi importante.

A produção de mensagens é outro nexo de distinções entre espanhóis e astecas. As práticas verbais nativas estimadas são a oratória e a interpretação. Há uma associação entre poder e domínio da língua, levando a uma fala ritual, cheia de regras, com especificações para a forma, função e conteúdo. E a função básica da produção de mensagens é a constituição de uma memória social, de leis, de normas e valores. Isso resulta na ausência da escrita em níveis diferentes. A concepção de tempo é também distinta: ele é cíclico, repetitivo. Nesse esquema de coisas, como explicar um fato novo como a invasão? A primeira preocupação é, consequentemente, inserir o acontecimento "novo" na história.

As consequências dessas diferenças são o fato de que o choque entre o acontecido único e a história cíclica produz a incapacidade de Montezuma de se comunicar com outros indígenas; as diferenças levam à incapacidade dos astecas de dissimular e de compreender a guerra dos espanhóis e a possibilidade de tomar os espanhóis como deuses.

E quais são as razões de Cortez? O que fez dele o conquistador que a história viu acontecer? Para Todorov, Cortez é diferente dos conquistadores anteriores: ele tem consciência histórica de seus atos; inventa a conquista e a colonização; quer compreender e, para isso, busca informação, contatando intérpretes como **Aguilar** e **Malinche**. Cortez é o primeiro a perceber as diferenças internas entre os indígenas, o que se provou decisivo. Segundo Todorov, "a conquista da informação leva à conquista do reino" (Todorov, 1982: 124).

A religião tem grande importância na produção da diferença que favoreceu os espanhóis. O cristianismo é universalista e intolerante, enquanto a religião indígena é plural e menos intolerante. Como vimos, para Colombo a conquista é para cristianizar, mas o discurso religioso em si, e sua intolerância, é que garante o sucesso. Para os astecas, a chegada dos espanhóis apareceu como o cumprimento dos presságios negativos, gerando paralisia. Diz-nos Todorov:

> podemos nos perguntar em que medida toda a maleabilidade de espírito necessária para levar a cabo a conquista, e que é demonstrada pelos europeus de então, não se deve a essa situação singular, que faz deles herdeiros de duas culturas: a cultura greco-romana de um lado, e da judaico-cristã, por outro. (Todorov, 1982: 130)

Ou seja, no quadro das diferenças culturais entre espanhóis e astecas, a vantagem para a conquista estava do lado europeu, já que o *modus operandi* do pensamento espanhol ofereceu vantagens decisivas sobre os nativos. Mesmo Lévi-Strauss afirma algo parecido em seu clássico *Raça e história* (1980), pois para ele é a pouca diversidade da América pré-colombiana em relação à Europa que é responsável pela queda da América diante de poucos conquistadores.

Nesse quadro da conquista, os espanhóis são os únicos que agem, enquanto os astecas querem manter o *status quo*. A produção do discurso por parte dos espanhóis rearranja os sentidos conforme a situação. Cortez preocupa-se com o que vão pensar os indígenas e deseja controlar a informação recebida por eles. Intencionalmente, quer se passar por deus e usar isso a seu favor, articulando estratagemas políticos, fazendo promessas, conchavos e explorando a má fama da administração asteca. Os espanhóis produzem um uso simbólico das armas, muito mais que um uso efetivo: elas são um indício do poder mágico dos espanhóis, antes de serem de qualquer efetividade no combate entre tantos contra tão poucos. Em suma, Cortez compreende o outro. Todorov insinua que o entendimento daquele tem algo de antropológico, indicando o quanto esse conhecimento sobre o outro pode produzir assimetrias de poder no jogo da história. Entre outras coisas, Cortez explorou o mito de Quetzalcoatl[5] a seu favor, fazendo Montezuma acreditar na chegada de um deus vingador. "É definitivamente graças ao domínio dos signos dos homens que Cortez garante seu controle sobre o antigo império asteca" (Todorov, 1982: 143).

Cortez compreende relativamente bem o mundo asteca, mas isso não impede os conquistadores de destruir a civilização e a sociedade mexicana. Compreender leva a tomar, e tomar a destruir. Mas a compreensão não deveria trazer junto a simpatia? Ou mesmo o desejo de enriquecer não deveria predispor à conservação do outro e, portanto, a um enriquecimento não à custa do outro? Cortez se maravilha com as realizações astecas, as elogia para o rei. Mas as admirações referem-se aos objetos realizados pelos astecas (arquitetura, artesanato etc.) e nunca a eles mesmos. Os indígenas não são vistos como sujeitos no sentido pleno, comparáveis ao eu, são objetificados, coisificados.

Os autores espanhóis também falam bem dos indígenas, mas nunca falam *a* eles. É falando ao outro que reconheço nele a qualidade de sujeito, comparável ao que sou eu. Assim, se a compreensão não for acompanhada de um reconhecimento pleno do outro como sujeito, então essa compreensão pode levar à exploração, à dominação. Nessa situação o saber está subordinado ao poder, e foi o que aconteceu. Nas Américas, estimativas trazidas por Todorov indicam que a população nativa caiu de 80 milhões para 10 milhões num prazo de 300 anos. No México, de 25 milhões para 1 milhão, e o que vimos foi um genocídio. Um genocídio direto e um genocídio indireto, por meio do trabalho forçado e das doenças espalhadas pelo conquistador europeu. Todorov descreve cenas de violência impressionantes, marcas indeléveis da crueldade europeia: uma das histórias, por exemplo, narra a dizimação de uma vila nativa inteira, velhos, crianças, mulheres, tudo apenas para que os soldados espanhóis pudessem afiar suas espadas.

Todorov se pergunta quais são os motivos imediatos que levam os espanhóis a essa atitude. Em primeiro lugar, destaca o desejo de enriquecer muito e rapidamente. Esse desejo não é novo, o que é especificamente moderno é a subjugação de todos os valores a esse. A homogeneização dos valores pelo dinheiro é um fato novo e anuncia a mentalidade moderna. Outra razão é meramente o prazer intrínseco na crueldade, no fato de exercer poder sobre os outros, na capacidade de provocar a morte sem arcar com nenhuma consequência.

A violência gerada pelos espanhóis foi constantemente justificada pelas práticas de sacrifício astecas. Todorov reflete sobre a oposição entre sociedades de sacrifício e sociedades de massacre. O sacrifício é o assassinato religioso: é controlado, acontece em praça pública e é marcado pelo predomínio social sobre o individual. O massacre revela a fraqueza de laços sociais, o desuso de princípios morais que asseguram a coesão do grupo: é feito longe, onde não há lei, e o processo acorda uma barbárie escondida dentro de nós.

Todorov apresenta uma tentativa de ver a "conquista" pelos olhos nativos, sabendo como essa tarefa é praticamente impossível. É preciso intuir, recorrer às entrelinhas dos relatos, descontar preconceitos e juízos de narrativas, reler viajantes, missionários, documentos de Estado sob uma busca pelo que se vê sobre os ombros dos narradores, invariavelmente europeus. Mas produz um sentido da conquista, explicando a diferença cultural entre astecas e espanhóis como o fundante da derrota: comunicação diferente, mundo diferente, ações diferentes. Ao mesmo tempo, Todorov nos explica a singularidade de Cortez, talvez o primeiro homem de um novo mundo em que a conquista e a riqueza predominam sobre outros desígnios. Como O'Gorman indicou, a invenção da América possibilitou um novo homem europeu, o homem da conquista, que podemos ver exemplarmente em Cortez, seguindo a explicação de Todorov.

VISÕES DO PARAÍSO E DO INFERNO

Passemos a última parte desta aula, trazendo esse universo do novo homem de um novo mundo para perto de nós, na América portuguesa. Veremos que, entretanto, esse novo homem ainda é marcado pelas visões do mundo antigo e que por séculos as classificações sobre essa nova terra dialogariam com imaginários antigos, assustadores, por um lado, e edênicos, por outro.

Laura de Mello e Souza retorna a Colombo: influenciado por antigas narrativas, marcado por um tempo em que ouvir preponderava sobre o ver. Apenas aos poucos as evidências do novo ultrapassariam o antigo imaginário europeu. Como destaca O'Gorman, Mello e Souza também indica que o novo mundo deve muito aos elementos do imaginário europeu, e que Colombo, apesar de tudo, permaneceu um homem medieval. A mudança do ouvir para o olhar opera a serviço de novas narrativas de viagem. As narrativas antigas misturavam realidade e fantasia, embaralhando fronteiras entre imaginário e real.

Ao longo dos séculos, o Extremo Oriente operou como o lugar de destaque para o exotismo europeu, idealizando a Índia e lentamente entrelaçando um desejo de riqueza com projetos de expansão imperial. "A expansão comercial seria, assim, o substrato infraestrutural destas projeções oníricas, ou pelo menos parte delas. Do outro lado do sonho indiano era a exuberância fantástica da natureza, dos homens, dos animais – uns e outros, monstruosos" (Mello e Souza, 1986: 25).

Por outro lado, em termos sexuais, a América foi o lugar da fascinação pela diferença, dando destaque às histórias de canibalismo, libertinagem sexual, poligamia, incesto etc. Esses temas, antes ligados ao Oriente, passam a ser atribuídos às regiões mais periféricas no novo mundo. Mello e

Souza afirma, assim, que a América substituiu o Oriente no quadro do imaginário europeu. O incrível e monstruoso estaria sempre nas bordas do mundo conhecido, e a América ocupava agora esse lugar.

Frei Vicente do Salvador (1982), primeiro historiador do Brasil, no século XVII, já destacava que o próprio nome do Brasil era uma vitória do demoníaco sobre o angelical. A escolha de um nome que remete às brasas e ao calor do inferno em vez do nome "Santa Cruz" era um indicativo do presente e futuro daquela colônia. Outro grande cronista, o **frade Jaboatão** (1858), viu o "descobrimento" do Brasil como obra de Deus, como algo miraculoso. Tanto negativa quanto positivamente é o imaginário europeu que influencia a imagem da aventura marítima.

Os expoentes de uma narrativa que construiu a imagem do bom selvagem devem muito a Léry e Thevet, como vimos nas aulas anteriores. As tendências edenizadoras têm eco em muitas das crônicas escritas sobre o Brasil. Mas mesmo nas narrativas mais favoráveis algo de perigoso espreitava. O Brasil seria uma das regiões mais recorrentes para ocupar o lugar das terras longínquas e cheias de monstros, em substituição ao Oriente. Em relação a essa nova terra, as descrições oscilavam entre um polo idealizador e outro demonizador. Em geral, a natureza era romantizada, mas aos homens que aqui estavam predominaram imagens diabólicas "em proporções jamais sonhadas por toda a teratologia europeia" (Mello e Souza, 1986: 32). Houve repúdio ao canibalismo, às feitiçarias, aos costumes de indígenas e negros, à mestiçagem etc.

Num primeiro momento, o propósito de cristianizar deu ensejo a imagens mais românticas desse lugar. Mas, atrelada à cristianização estava a necessidade da colonização, como dois braços de um mesmo corpo. Ao colono o dever era descobrir riquezas e também converter almas, um conjunto de mais-valia material-espiritual. Isso indicava a crença na ação divina do descobrimento, na missão especial dada aos portugueses. E os livros aproximavam essa nova terra de um paraíso terrestre, por conta da luxúria da natureza. A beleza do mundo natural é prova da existência de Deus. Mas a esse movimento de maravilhamento com a natureza há outro, o de desconsideração dos homens que aqui habitavam. Isso era necessário para justificar a dominação, a escravização e a conversão. Aqui temos o mesmo argumento de O'Gorman, para quem a ciência de estar em algo novo resultou em desprezo pelos autóctones. A diferença é que Mello e Souza demonstra como se estende a indiferença também a todos que habitam a colônia (incluindo escravizados africanos e colonos "depravados").

Num momento posterior, a demonização se acentuaria. Autores como **Gandavo** (1980) e **Brandão**; Mello; Silva (1943) entenderiam a colônia como um paraíso, desde que transformada pelo trabalho do homem. A colonização se tornaria, então, fundamental para a existência de uma natureza edênica. Temos aí o casamento entre natureza e trabalho, entrelaçados pela colonização. Mas Jaboatão, por sua vez, mesmo ressaltando a ideia de paraíso terrestre, destacava os perigos daquela nova terra: as riquezas eram também a causa da ruína do homem. Paira uma sombra de perigo e o imaginário tenderá a reforçar os aspectos negativos daquela natureza exuberante. A intensificação se dá a partir do século XVIII, quando Rousseau escreve sobre o contrato social. A complexidade do renascimento também se fez sentir no embaralhamento do céu e inferno nas crônicas sobre a América.

O padre **Fernão Cardim** (1925) destacava os problemas que a natureza impunha: cobras, aranhas, pulgas etc. Os jesuítas, em sua maioria, tiveram um olhar muito negativo sobre os homens do novo mundo. Em traços gerais, a América sofria de umidade, com animais inferiores e com o estado bruto da natureza. Temos aqui ressonâncias com o preconceito de Rousseau em relação ao clima dos trópicos e sua propensão a promover o pecado. O resultado dessa natureza avessa é a fraqueza dos homens: clima inclemente, homem indolente.

Os monstros viviam nas fronteiras do mundo, no pensamento medieval. Colombo acreditava em monstros e afirmou ter visto três sereias, por exemplo. Mello e Souza afirma que o fascínio pelo monstro passou a ter um foco específico ao longo do XV e XVI: os monstros humanos individuais, os homens selvagens. Esse homem monstruoso tinha um pacto com o diabo. Ele era a antítese do cavalheiro (no seio da mesma ética que valorizava o indígena guerreiro nobre, como vimos em Montaigne). Opunha-se ao ideal cristão em muitas representações. Ao indígena, duas imagens se superpunham, portanto, a do monstro e a do selvagem. O primeiro inspirava medo e o selvagem, a necessidade de domesticação, justificando a empreitada colonial. O Brasil virou o objeto do imaginário europeu acerca do desconhecido e monstruoso. A autora nos diz que o europeu chegava a ver no indígena uma outra humanidade.

O indígena é, portanto, a um só tempo a justificativa da colonização e seu maior empecilho, como afirmava Gandavo, pois o indígena era visto como violento, ameaçador, canibal. São comuns as descrições de atrocidades indígenas, como as feitas por Jaboatão. Essa anti-humanidade era prova de uma vida em pecado: incesto, poligamia, paganismo, preguiça, canibalismo, nudez etc. Se entre os espanhóis a visão sobre os indígenas oscilava entre o bom selvagem e o mau selvagem, entre os cronistas portugueses o aspecto negativo teve muito mais destaque. Essa visão negativa se estenderia a toda população da colônia e a mestiçagem seria o motor de um contágio perigoso. Os indígenas acabam por encarnar o próprio demônio. Nóbrega (1940) afirmava: "E são tão cruéis e bestiais que assim matam aos que nunca lhes fizeram mal, clérigos, frades, mulheres de tal parecer, que os brutos animais se contentariam delas e lhes não fariam mal" (Nóbrega apud Mello e Souza, 2005: 65).

Os esforços dos religiosos foram, portanto, no sentido de corrigir essa humanidade inviável, de normalizá-la e afastá-la do diabo. O esforço de correção ligava-se à ideia da América como purgatório: ao lugar onde se pagavam os pecados. Essa grande ênfase numa visão pessimista explica, de certa forma, por que não temos um surgimento de uma Antropologia anterior, já a partir de Léry, Las Casas e Montaigne. Todo um universo de detrações se interpôs entre a descoberta da América e a possibilidade de uma Antropologia sistemática. Essa aparece antes como assistemática, na pena de autores mais ou menos isolados, incapazes de sobreporem-se às imagens de purgatório, pecado e diabo.

A animalidade, a condição infernal da América se contrapunha a uma imagem da Europa cristã, detentora do fardo da cristianização por meio da colonização. A colônia deveria, portanto, ser extirpada de seus pecados e, além disso, produzir a riqueza por meio de uma população assim normalizada. Nessa mesma chave seria vista a escravidão, como o inferno necessário à colônia, a fim de que prosperasse na riqueza e fosse capaz de cristianizar. Conforme avançava o trabalho civilizatório, mais rápida seria a purgação.

CONCLUSÕES

Para pensar na definição dos indígenas do novo mundo, Todorov retoma o debate entre Las Casas e **Sepúlveda**,[6] sobre a natureza daqueles povos. Las Casas reconhece a igualdade, mas desconhece os próprios indígenas, pois tem como premissa uma verdade universal, a verdade da fé católica. Assim, os indígenas são ótimos e potenciais cristãos, o que faz deles iguais aos europeus em potência. Isso, portanto, leva à conclusão de que não podem ser escravizados. Las Casas se coloca, dessa maneira, contra as crueldades praticadas pela colonização. Mas ainda é um discurso colonialista, pois a não violência é uma forma melhor de catequizar. A conquista ainda é o objetivo, a conquista de fiéis.

Cortez conhece melhor os indígenas, mas os desvaloriza. Eles são simplesmente inferiores e toda a violência é justificável por essa diferença intrínseca. Entre o reconhecimento da igualdade e o da diferença, jazem diferentes percepções da alteridade que não estão necessariamente relacionadas. Mas em seu debate com Sepúlveda, Las Casas teve momentos de entendimento do outro que ultrapassaram a condição da fé absoluta. Foi esse o caso na contra-argumentação para contrabalançar a justificativa de Sepúlveda, que afirmava a inferioridade dos indígenas com base em seus rituais de sacrifício. Para Las Casas, o sacrifício parecia bárbaro, mas visto em seu sentido interno não o era. A partir da lógica asteca, o sacrifício ganhava outra conotação. Temos aqui uma argumentação similar à de Montaigne, que vimos no capítulo "Montaigne e a comparação pessimista. Rousseau, antes da sociedade e depois", colocando os costumes nativos dentro de um referencial nativo para entendê-lo. Essa saída relativista é um reconhecimento verdadeiro do outro, uma abertura para a diferença.

Mas na América portuguesa o ponto de vista de Las Casas teve muito menor ressonância que as perspectivas profundamente negativas sobre as populações indígenas. Vimos com Mello e Souza que entre os cronistas portugueses predominou a ideia de purgatório, de bestialidade e de animalidade, atreladas necessariamente à necessidade de cristianização e colonização. Empresa ao mesmo tempo espiritual e material, a colonização é em tudo um processo de civilização, que se justifica especificamente a partir das ideias de animalidade e violência impostas às populações indígenas. De uma imaginação voltada ao Velho Mundo, a América surge junto com a possibilidade de um novo homem, o Cortez, como modelo das aventuras de conquista e dominação. De um pedaço do antigo mundo tripartite para um quarto pedaço do *Orbis Terrarum*, a ideia nova de América trouxe, apesar disso, uma série de imagens monstruosas que teriam vida longa. Teriam, mais do que isso, importância ideológica para justificar a empreitada colonial e a violência organizada contra as populações indígenas.

AULA 4
O caso tupinambá e a América

Neste capítulo vamos usar um conhecimento antropológico para iluminar algumas das questões que pensamos anteriormente. Vimos em três momentos como a diferença foi pensada antes do surgimento de uma disciplina especializada em pensar sobre ela. Notamos que vários pensadores, viajantes, missionários e conquistadores, pensaram e até se utilizaram do conhecimento da diferença. Todo esse conhecimento, entretanto, não formou um sistema integrado de discussões e debates, algo que só veríamos efetivamente com o surgimento da disciplina antropológica. Por outro lado, observamos que ainda assim, grandes *insights* foram lançados num fluxo geral do conhecimento, *insights* esses que seriam importantes para a própria formação da disciplina.

Consideramos a importância da América para a discussão sobre a diferença, sobre os costumes dos povos não europeus ao longo dos séculos XVI, XVII, XVIII e XIX, esses 400 anos que marcam o surgimento da América como entidade autônoma, que O'Gorman nos diz ter se constituído lentamente no imaginário europeu. Um fato interessante é que, apesar da historicidade derivada da conquista estar se montando nesse novo mundo, com a criação de Estados propriamente "europeus" em seus formatos (repúblicas e monarquia), a imagem discutida e tornada efetiva sobre a América permaneceu aquela das primeiras viagens e dos relatos de um mundo luxuriante de vegetação tropical e indígenas nus. Como afirma Lestringant:

Um fenômeno de contaminação, que o antropólogo William Sturtevant qualificou de "tupinambização", estende para todo o continente traços étnicos ou culturais próprios dos índios Tupinambá: o machado de pedra polida, a "espada" de ponta circular chata e cortante, o escudo de casco de tatu e as diversas "penas" com que os Tupi se enfeitam para suas festas invadem o mapa da América, acompanhando as guerras e danças dos Astecas, dos Peruanos e até dos Huron (Sturtevant, 1976 e 1988). O melhor exemplo dessa uniformização dos Ameríndios, segundo o modelo brasileiro, é a coleção das Grandes viagens de Théodore de Bry. Nos catorze volumes fartamente ilustrados dessa série, cuja publicação se estendeu por quase meio século, de 1590 até 1634, a imagem do Canibal nu, emplumado e tonsurado, com faces e lábios cobertos de incisões, que encontra sua justificação plena na "Terceira parte", consagrada ao Brasil de Hans Staden e Jean de Léry, dissemina-se para as regiões mais afastadas do Novo Mundo, cruzando os Andes com os conquistadores espanhóis e subindo pelo Panamá até os planaltos do Novo México. Ao termo do processo, o Brasileiro é o Americano. (2006: 536-7)

Ou seja, o "selvagem" tupinambá é uma espécie de paradigma geral da imagem da diferença na Europa, encobrindo, superpondo-se e enevoando todas as intensas diferenças internas à América, agora amalgamadas à imagem do tupinambá. Não seria exagero afirmar que ainda hoje é a imagem "tupinambística" que precede de antemão uma visão naturalizada e estereotipada do Brasil na Europa e grande parte do mundo. O efeito, portanto, das narrativas de viagem sobre a América dos tupinambás é muito intensa e importante, tanto pelo que produziu de efeitos no pensamento europeu, conforme vimos no capítulo "Montaigne e a comparação pessimista. Rousseau, antes da sociedade e depois", como por seus efeitos históricos, como matéria de produção de estereótipos que ainda hoje operam um pensamento sobre o Brasil.

Um exemplo dessa permanência estereotipada é explorado por Machado (2002), que demonstra como na comemoração dos 500 anos brasileiros, em Portugal, há uma predominância absoluta de imagens de uma natureza exuberante e também de populações indígenas, quase que reproduzindo metaforicamente os mesmos motivos de narração maravilhada dos séculos XV e XVI. Essa permanência é evidência também da argumentação de

Lestringant, de que há, efetivamente, uma tupinambização da América. Assim, as descrições de Léry, Thevet e **Staden** (2007) ganham um outro *status*: o de mitos de origem de uma tupinambização da América. E inevitavelmente ligada a essa narrativa quase mítica está o canibalismo como índice de horror, como motivo infernal, como acompanhamos no capítulo anterior, com Mello e Souza.

O canibalismo gera, portanto, o motor de um horror admirado nas narrativas europeias e vimos em Montaigne um pouco desse horror, agora justificado em termos de uma honra guerreira. Depois, Rousseau passaria ao largo do canibalismo para pensar o bom selvagem americano, assim como Montesquieu. Mas os sacrifícios tupinambá tiveram grande importância nas ideologias de conquista, como verificamos no capítulo "Montaigne e a comparação pessimista. Rousseau, antes da sociedade e depois", como motor da necessidade de uma correção civilizatória do rumo natural dessas sociedades. Neste capítulo, vamos repensar o canibalismo tupinambá a partir do trabalho de autores contemporâneos que, utilizando o mesmo conjunto de descrições que os autores europeus antigos, propõem outras interpretações para o ato canibal, ou "repasto antropofágico", como o chamava **Florestan Fernandes** (2006). Agora, do ponto de vista de uma ciência já constituída e preocupada em sistematizar um pensamento sobre a diferença, podemos finalmente contrastar as descrições anteriores com os resultados de uma Antropologia sistemática, organizada em torno de conceitos relativamente estáveis (embora nunca unânimes) e cujas descrições e análises são sempre colocadas em contraste com outras, produzindo resultados que pretendem cada vez mais sofisticar o conhecimento sobre o outro.

E podemos pensar que isso opera inclusive para narrativas sobre a diferença no passado remoto, reinterpretando um conjunto de descrições a partir de novas concepções, teorias e conjuntos temáticos. Um olhar contemporâneo para os tupinambás da época dos descobrimentos nos ajudará, portanto, a perceber a historicidade e dinâmica da capacidade de entendimento da diferença.

FLORESTAN FERNANDES E FUNÇÃO DA GUERRA

Comecemos, pois, com a descrição de Jean de Léry sobre o sacrifício tupinambá:

> Logo depois de chegarem [os prisioneiros] são não somente bem alimentados mas ainda lhes concedem mulheres (mas não maridos às prisioneiras), não hesitando os vencedores em oferecer a própria filha ou irmã em casamento. Tratam bem o prisioneiro e satisfazem-lhe todas as necessidades. Não marcam antecipadamente o dia do sacrifício; se os reconhecem como bons caçadores e pescadores e consideram as mulheres boas para tratar das roças ou apanhar ostras conservam-nos durante certo tempo; depois de os engordarem matam-nos afinal e os devoram em obediência ao seguinte cerimonial.
> Todas as aldeias circunvizinhas são avisadas do dia da execução e breve começam a chegar de todos os lados homens, mulheres e meninos. Dançam então o cauinam. O próprio prisioneiro, apesar de não ignorar que a assembleia se reúne para seu sacrifício dentro de poucas horas, longe de mostrar-se pesaroso enfeita-se todo de penas e salta e bebe como um dos mais alegres convivas. Depois de ter comido e cantado durante seis ou sete horas com os outros, é ele agarrado por dois ou três dos personagens mais importantes do bando e sem que ponha a menor resistência, é amarrado pela cintura com cordas de algodão ou de fibra de uma árvore a que chamam uyire, semelhante à nossa tília. Deixam-lhe os braços livres e o fazem passear assim pela aldeia, em procissão, durante alguns momentos. Não se imagine, porém que o prisioneiro com isso se deprima. Ao contrário, com audácia e incrível segurança jacta-se as suas proezas passadas e diz aos que o mantêm amarrado: "Também eu, valente que sou, já amarrei e matei vossos maiores". [...]
> O guerreiro designado para dar o golpe, e que permanecera longe da festa, sai de sua casa, ricamente enfeitado com lindas plumas, barrete e outros adornos; e armado de um enorme tacape aproxima-se do prisioneiro e lhe dirige as seguintes palavras: "Não és tu da nação dos maracajás, que é nossa inimiga? Não tens morto e devorado aos nossos pais e amigos?" O prisioneiro, mais altivo do que nunca, responde no seu idioma (margaiás e tupiniquins se entendem reciprocamente) pá, che tan tan ajucá atupavé — "Sim, sou muito valente e realmente matei e comi muitos" [...]
> O selvagem encarregado da execução levanta então o tacape com ambas as mãos e desfecha tal pancada na cabeça do pobre prisioneiro que ele cai redondamente morto sem sequer mover braço ou perna. [...]

> Quando a carne do prisioneiro, ou dos prisioneiros, pois às vezes matam dois ou três num só dia, está bem cozida, todos os que assistem ao fúnebre sacrifício se reúnem em torno dos moquéns, contemplando-os com ferozes esgares; e por maior que seja o número de convidados nenhum dali sai sem o seu pedaço. Mas não comem a carne, como poderíamos pensar, por simples gulodice, pois embora confessem ser a carne humana saborosíssima, seu principal intuito é causar temor aos vivos. Move-os a vingança, salvo no que diz respeito às velhas, como já observei. Por isso, para satisfazer o seu sentimento de ódio, devoram tudo do prisioneiro, desde os dedos dos pés até o nariz e cabeça, com exceção porém dos miolos, em que não tocam. [...]
> Os executores desses sacrifícios humanos reputam o seu ato grandemente honroso; depois de praticada a façanha retiram-se em suas choças e fazem no peito, nos braços, nas coxas e na barriga das pernas sangrentas incisões. E para que perdurem toda a vida, esfregam-nas com um pó negro que as torna indeléveis. O número de incisões indica o número de vítimas sacrificadas e lhes aumenta a consideração dos companheiros. (1961, trechos do cap. XV)

Essa é uma das narrativas mais importantes do sacrifício e da guerra tupinambá, junto as de Thevet e Staden, a partir das quais Florestan Fernandes elabora sua releitura.

Para Florestan Fernandes, a guerra é um fato social. Ele pretende apresentar uma explicação definitiva sobre sua origem, integração, função e evolução. A guerra tupinambá é vista como técnica, como elemento do sistema tecnológico: tudo que se relaciona com a guerra, desde seus preparativos até seus efeitos, é objeto de análise. Mas é preciso ir além da técnica e identificar suas necessidades sociais: como a guerra se incorpora à estrutura da sociedade tupinambá? Todas essas questões são vistas de um ponto de vista teórico específico, o funcionalismo, derivado de uma leitura inglesa das obras de **Durkheim**, pela pena de autores como Radcliffe-Brown e **Malinowski**,[7] principalmente. Com o método, a ideia é identificar as causas originais da guerra e como elas se conformam às necessidades sociais gerais dos tupinambás.

Há uma possibilidade de que a função social da guerra se refletisse em todas as esferas da sociedade tupinambá, indicando uma espécie de fulcro explicativo geral. Esse fulcro encontra justificativa na subordinação da guerra ao sistema mágico-religioso, como limite último da explicação funcional dessa sociedade. Para analisar esse complexo, é preciso reconstruir interpretativamente a noção de vingança (descobrir como os sujeitos a encaravam), e também entender como a guerra funciona para gerar "eunomia" (ou equilíbrio) na sociedade tupinambá.

A vingança acontece relacionada ao sacrifício humano de um parente/aliado pelas mãos do inimigo. O massacre da vítima acontece como forma de socorrer o espírito do parente morto, auxiliando-o a atingir a sociedade sobrenatural dos antepassados (*A terra sem males* de Hélène Clastres [1978]). Assim, o sacrifício de um inimigo capturado era parte do ritual funerário devido ao parente/aliado assassinado pelos mesmos inimigos. E ao invés de ser consequência da vingança, era, portanto, antes sua causa. A explicação de Florestan Fernandes pressupõe que o sacrifício das vítimas, além de responder a dialéticas de vingança, possuía uma dialética interna, mágico-religiosa, que constituía uma cadeia fechada, colocada em movimento pelo massacre de vítimas. Essa dialética interna exige um balanceamento entre sacrifícios de inimigos no próprio terreiro e os sacrifícios de parentes/aliados em mãos inimigas (no terreiro do inimigo). Eram relações circulares que remetiam a um começo sempre no sacrifício anterior. Assim, o sacrifício estabeleceria uma continuidade da relação guerreira com os inimigos, já que a vítima não poderia ser um aliado. Os mortos exigiam, por sua vez, o reestabelecimento de sua própria integridade, afetada pela morte brutal nas mãos do inimigo.

Assim, a vingança ao inimigo é uma resposta aos próprios mortos. Ela era parte de uma resposta mágico-religiosa, por um lado, e sociológica, por outro, na prática efetiva da guerra para obtenção de vítimas. O massacre ritual do crânio do inimigo era parte de uma ação religiosa. Ele era fundamental, pois sem ele não se pode destruir os inimigos nem se ter a certeza de que o sacrifício havia sido consumado, com a restauração mágica necessária. O sacrifício impunha um desejo de recuperação, o espírito vingado recebe de volta a substância de seu corpo, que fora perdida para os inimigos que a comeram. Comer o inimigo é apaziguar o espírito do parente assassinado. Assim, "o massacre ritual da vítima era, a um tempo, condição, princípio e fim da *vingança*" (Fernandes, 2006, s/p).

A conexão entre esses eventos e o canibalismo é evidente: o repasto antropofágico se vincula ao processo de recuperação mística das energias do parente morto em terreiro inimigo. O processo do festim canibal atingia, portanto, não só a vítima, mas todo o grupo social ao qual ela pertencesse. Era a continuação de um ato de guerra, agora num nível espiritual, portanto, cuja intenção era alcançar um domínio mágico sobre o inimigo. Ao mesmo tempo, o sacrifício instaurava o processo de recuperação mística infligida pelo inimigo no passado, ao comer o parente. O canibalismo aparece mais como uma ação secundária de ataque, mas que é também responsável pela necessidade de o inimigo reproduzir o mesmo sistema.

Porém há um passo intermediário a resolver: não é usual o repasto antropofágico, ele é em si *perigoso*. Isso quer dizer que é preciso que ele deixe de ser perigoso: para isso atua o próprio aliado/parente morto anteriormente: ele mesmo neutraliza a pessoalidade do inimigo morto e o "caráter nocivo de tudo que estivesse ligado com a 'pessoa' da vítima" (Fernandes, 2006: s/p). A entidade sobrenatural aliada infundia ao corpo da vítima suas próprias virtudes, que seriam compartilhadas com seu povo pela ingestão da carne. Esse processo é, ao mesmo tempo, uma defesa contra o espírito do sacrificado. Assim, o canibalismo tem, antes de tudo, uma função religiosa: "a de promover uma modalidade coletiva de comunhão direta e imediata com o sagrado". (Fernandes, 2006: s/p). Todas essas dimensões estão polarizadas na noção de vingança, que as ativa durante todo o processo do circuito fechado vingança-guerra-vítima-espírito-canibalismo-vingança. A guerra, antes de ser causa da vingança, é efeito de "uma aplicação mágico-religiosa do princípio de reciprocidade" (Fernandes, 2006: s/p). É, portanto, a necessidade de recuperação mística (sacrifício) e posterior retribuição mágica (canibalismo) que aparecem como fatores específicos para a guerra. O resultado é a relação constante de vingança, que resulta, por sua vez, na definição social do inimigo.

Vemos que Florestan Fernandes busca, constantemente, uma explicação primeira e eficiente da guerra, chegando ao princípio mágico-religioso, especificado na recuperação mística e retribuição mágica. Mas isso faz da explicação um fluxo sem começo, pois só se recupera o que foi tomado, mas o que foi tomado pelo inimigo também o foi como uma resposta ao que lhe fora originalmente tomado. O processo então é, evidentemente, sem começo. A questão da definição recíproca dos inimigos pela guerra, de certa forma, tenta explicar esse problema. Mas quase se leva a questão para outro nível: é a necessidade de definição do inimigo (e, portanto, de si mesmo) que leva à guerra e, nesse caso, o sistema mágico religioso não deixaria de ser a causa eficiente, e passaria mais a um efeito dela? Veremos com Manuela Carneiro da Cunha e Eduardo Viveiros de Castro que a questão da definição mútua ganha mais sentido de uma outra perspectiva.

A explicação de Florestan Fernandes, entretanto, volta-se ao limite da noção de "eunomia" social (equilíbrio e normalidade, oposta à anomia). O processo do circuito sacrifício-canibalismo gera uma profunda perturbação no inimigo que precisa ser respondida com o mesmo processo que, por sua vez, restabelece a eunomia causando a perturbação no anterior perturbador. A guerra e a vingança são processos de regulação homeostática de anomias e eunomias sucessivas, trocadas pela ação de cada um da dupla de inimigos. Assim, a conclusão, a qual Florestan Fernandes não chega exatamente, é que o tupinambá procura o seu equilíbrio social (e poderíamos entender isso com várias outras palavras, como ontologia, identidade etc.) justamente no inimigo, numa abertura para fora, como afirmarão 34 anos depois Manuela Carneiro da Cunha e Eduardo Viveiros de Castro.

A preocupação de Florestan Fernandes, entretanto, é em pensar uma teoria do restabelecimento do equilíbrio na sociedade de uma forma dinâmica, ou seja, criar no seio de um modelo funcional de explicação uma dinâmica do equilíbrio (uma autêntica homeostase) que explicaria o processo de constituição da vida tupinambá, sobre a qual não podemos deixar de imaginar ser um meio de considerar a própria historicidade dos tupinambás, algo que de fato será pensado posteriormente. Vemos que a ideia de equilíbrio estrutura toda a reflexão: "na própria causação social da guerra tupinambá se achavam as razões que faziam dela uma técnica cultural, destinada a lidar com determinadas formas de perturbação da ordem social" (Fernandes, 2006: s/p).

As reflexões de Florestan Fernandes o levaram à ideia de que parte substantiva da solidariedade social tupinambá não derivava de fatores sociológicos específicos, mas de fatores mágico-religiosos. Ou seja, a solidariedade se relacionava com o sobrenatural e isso tem implicações para uma explicação funcional, que tende a ver na própria sociedade o fator geral de justificativa para qualquer processo. Esses processos sobrenaturais eram responsáveis por muito da união interna dos tupinambás, já que para atingir o equilíbrio mágico religioso, era preciso a ação de toda a coletividade.

O interessante é notar que a necessidade de reestabelecer o equilíbrio mágico-religioso causado pela morte do parente/aliado em mãos inimigas denota, por sua vez, um medo maior do morto que do inimigo em si. A verdadeira alteridade, poderíamos especular, é colocada entre o mundo dos vivos e o mundo dos mortos. É o medo do mundo dos mortos que move a guerra, que move a definição do inimigo, que move a vingança e tudo que se relaciona com ela (canibalismo, poligamia, prestígio do guerreiro, configuração das alianças, reclusão do executor, acúmulo de nomes, escarnificações de prestígio etc.). Isso nos daria a possibilidade de pensar que a relação entre o par de inimigos (o átomo da vingança, como dirão Manuela Carneiro da Cunha e Eduardo Viveiros de Castro) é menos uma relação mútua de ataque e definição recíproca e muito mais uma relação mútua e violenta de defesa contra os mortos e o sobrenatural. De certa forma, poderíamos pensar que a sociedade tupinambá se defende dos mortos com a guerra. Florestan Fernandes intui essa explicação quando diz que "os fatores da guerra, na sociedade tupinambá, não estavam propriamente nas sociedades hostis circunvizinhas" (Fernandes, 2006: s/p).

Vimos aqui o fundamental da explicação de Florestan Fernandes que, utilizando-se dos cronistas do século XV, XVI e XVII, principalmente, reescreve uma interpretação da guerra tupinambá, dando outro sentido ao canibalismo, ato que inspirava temor e fez o pensamento europeu divagar entre o bom e o mau selvagem. A prática do sacrifício antropofágico seria utilizada também, como vimos no capítulo "Montaigne e a comparação pessimista. Rousseau, antes da sociedade e depois", para justificar as ações de escravização e conversão compulsórias e, de certa forma, a própria empresa colonizadora: ato divino de purificação dessas terras sem lei e sem rei, de caráter infernal e infestadas de bestas e selvagens (que saíam mais do próprio imaginário europeu que dos fatos). Passemos agora a uma segunda interpretação dos mesmos relatos, a partir das mesmas fontes.

A REPAGINAÇÃO DA VINGANÇA

Agora vamos apresentar uma rediscussão do canibalismo tupinambá que, como acabamos de ver, faz também parte de um sistema guerreiro que o atualiza como uma das práticas envolvidas na vingança tupinambá. Assim como Florestan Fernandes, Manuela Carneiro da Cunha e Eduardo Viveiros de Castro (1986) inserem o canibalismo num sistema explicativo, num contexto etnográfico, e tentam dar a ele um sentido dentro desse contexto. Mas se para Florestan Fernandes o canibalismo era parte da guerra que era derivada de preocupações mágico-religiosas, Manuela Carneiro da Cunha e Eduardo Viveiros de Castro dão outro sentido para as ações tanto de guerra quanto do canibalismo tupinambá. Não temos mais uma explicação mágico-religiosa, mas uma mais interna ainda à organização da experiência tupinambá: a guerra e o canibalismo são um grande dispositivo de construção da temporalidade nativa. A guerra e o canibalismo são o tempo.

Uma primeira distinção, antes de adentrar o argumento dos autores, é perceber que as explicações de Manuela Carneiro da Cunha e Eduardo Viveiros de Castro implicam outro conjunto de conceitos que organizam a explicação e outras premissas analíticas: a sociedade não é mais vista como um conjunto de partes, que se pode examinar individualmente em relação ao todo, buscando a função específica de tal ou qual prática. O que jaz por trás dessa concepção (a de Florestan Fernandes), como vimos, é uma noção fantasmagórica de equilíbrio: tudo age para manter o equilíbrio e a eunomia. No texto de Manuela Carneiro da Cunha e Eduardo Viveiros de Castro não há uma pressuposição anterior de equilíbrio, nem a sociedade é imaginada em pedaços para produzir explicações funcionais. O modelo de análise pretende tomar a sociedade como um todo e introduzir determinadas explicações a partir de uma ideia geral da totalidade social, que, poderíamos dizer, apontam para uma ontologia tupinambá, ou seja, para um ser tupinambá que organiza tudo que se passa no interior (e nas relações exteriores) dessas sociedades.

Sociedades, já que esse etnônimo "tupinambá" abarca uma grande quantidade de grupos locais desde o Amazonas até a costa oriental do Brasil (até o Rio de Janeiro). Manuela Carneiro da Cunha e Eduardo Viveiros de Castro tomam o termo tupinambá como um indicador geral dos grupos de língua tupi da costa (os tupiniquins em particular). Isso quer dizer que já aí há uma diferença de perspectiva: tupinambá é quase um sinônimo de povos tupi, levando a uma mirada comparativa mais ambiciosa que a perspectiva funcionalista de Florestan Fernandes.

Dizem-nos os autores que, segundo os cronistas, tanto a conversão para a religião católica como a posterior desconversão eram simples e usuais. Tínhamos uma visão geral de uma grande inconstância indígena, com exceção apenas de uma constância inefável: a vingança. Contra os resultados dessa vingança se insurgiram administradores e missionários: buscava-se manter os cativos vivos a fim de escravizá-los. Era o contrário da guerra indígena, que objetivava justamente eliminar os cativos. Essa eliminação supunha o canibalismo coletivo, mas, principalmente, a morte em terreiro com a destruição do crânio do cativo com uma bordoada vigorosa. A ordem de importância dos fatos é dada pela constatação que foi mais fácil reprimir o hábito do repasto canibal que o da morte em terreiro. Assim, o comer era menos importante em si que o matar. Desde já o canibalismo perde primazia explicativa: é fonte dos horrores dos cronistas, mas não é exatamente o fato mais importante: é derivado do que realmente é relevante, a morte em terreiro.

O cativo era assassinado após morar com os captores, às vezes por anos, recebendo até mulheres e tendo filhos. Ele e seus filhos seriam posteriormente mortos em cerimônias que opunham cativo e guerreiro executor, com diálogos arrogantes de parte a parte. A seguir, a bordoada esfaceladora do crânio seguia um resguardo do executor, acompanhado de escarificações comemorativas e aquisição de novo nome. A carne do morto seria consumida por todos e também por convidados aliados de outras aldeias, num festim canibal. Ganhar os nomes parecia ser algo muito relevante, mas só era possível com o esfacelamento do crânio: inimigos mortos em combate teriam que ter a cabeça quebrada, às vezes eram até desenterrados para ter a cabeça destruída. A quebra dos crânios era mais importante que o canibalismo.

Se a antropofagia torna a vingança completa, não a explica em si. Há, entre os inimigos, o que Manuela Carneiro da Cunha e Eduardo Viveiros de Castro chamam de "átomo da vingança": um deles morto pelo outro que lhe esfacela o crânio. Parece que a vida social "é posta a serviço da produção deste par e deste ato elementar" (Carneiro da Cunha e Viveiros de Castro, 1986: 61). A vida e o que acontece depois são organizados em relação à vingança, que gera ao guerreiro a possibilidade de ascensão à condição de homem pleno; permite o acúmulo de mulheres, de nomes e desenhos na própria pele; e a chegada ao lugar adequado das almas após sua própria morte. Por outro lado, a própria morte em terreiro é em si honrada: "A vingança é, assim, a instituição por excelência da sociedade Tupinambá. Casamento, chefia, xamanismo, profetismo até, tudo não só ser articula, mas como que se subsume na vingança" (Carneiro da Cunha e Viveiros de Castro, 1986: 63).

A religião, que para Florestan Fernandes gera a guerra, é uma intensificadora da guerra para os novos autores, já que pretende acelerar o processo de chegada à terra sem males, através, especificamente, da façanha guerreira. Aqui os autores concordam, mesmo que tangencialmente, na relação entre guerra e vingança: há motivos mágico-religiosos que, num caso a explicam e, noutro, a intensificam (pois veremos que a explicação está em outro lugar). A questão é que o esfacelamento dos crânios supõe a existência de inimigos que, portanto, devem ser definidos como tais. Essa definição é muito elástica e pode incluir até mesmo todos os aliados (aqui numa diferença clara em relação à análise de Florestan Fernandes, que em seu formalismo supõe quadros estáticos de aliados e inimigos). Mas a antropofagia certamente tem um fator em determinar unidades bélicas e delimitar certas unidades sociais.

Os autores nos dizem que mediante a reação à agressão (ou suprimindo-a imediatamente, ou organizando a retaliação) se determina os mecanismos de perpetuação da vingança. Quando a vingança é acionada ficará para sempre inconclusa e os diálogos entre executor e vítima, no terreiro da aldeia, são evidência dessa não conclusão. Um vinga a morte de aliados que depois será ela mesma vingada, num fluxo ininterrupto. Esse fluxo em si será o nexo da explicação de Manuela Carneiro da Cunha e Eduardo Viveiros de Castro.

Temos aí o que chamam de dispersão máxima da vingança, cuja confirmação deriva do festim antropofágico, este resultando na definição das futuras vítimas de possíveis matanças. Assim, apesar de menos importante que a morte por esfacelamento craniano, a antropofagia garante de forma perene a reprodução infinita da vingança. Sem o canibalismo, o átomo da vingança não se produz e não se faz nele a determinação de um inimigo em escala necessária para a continuação da vingança. O repasto antropofágico é, portanto, a condição de perpetuação de um sistema. E aqui temos uma noção diferente de sistema: ele é completo e não divisível em partes funcionais. A própria ideia de função de Florestan Fernandes (como aquilo que dá sentido, o que "serve para alguma coisa") é distinta, sendo ela no texto de Manuela Carneiro da Cunha e Eduardo Viveiros de Castro relacional, no sentido quase matemático: algo é função de outra coisa, como a antropofagia é função da vingança e essa é função de uma concepção de tempo.

Essa noção matemática da função não destaca do todo as partes, mas apenas totalidades, que derivam infinitamente em outras funções, percorrendo todo o sistema social que é alvo da explicação. Segundo Florestan Fernandes, diríamos, é um quebra-cabeças de partes que se ligam; ou, então, uma espiral infinita de processos que remetem a processos. Assim, "a vingança não tem fim, ela é também sem começo: ou melhor, seu ponto de partida é puramente virtual. Sucessão de respostas, desenroladas a partir de um início imaginário, é o que insinua o mito de origem do canibalismo" (Carneiro da Cunha e Viveiros de Castro, 1986: 66).

Mas o que é, exatamente, a vingança tupinambá? Para os autores, os diálogos do terreiro, registrados pelos cronistas, são pobres. "Comi seus ancestrais", "muitos me vingarão" etc. De certa forma, essa pobreza fez Florestan Fernandes, e também Montaigne, buscarem a explicação da vingança para além dela, seja no reequilíbrio mágico-religioso, seja na honra guerreira. Para Manuela Carneiro da Cunha e Eduardo Viveiros de Castro, a vingança tupinambá trata, essencialmente, de passado e de futuro.

> É ela, e somente ela, que põe em conexão os que já viveram (e morreram) e os que viverão, que explicita uma continuidade que não é dada em nenhuma outra instância. A fluidez dessa sociedade que não conta, além da vingança, com nenhuma instituição forte, nem linhagens propriamente ditas, nem grupos cerimoniais, nem regras positivas de casamento, ressalta a singularidade da instituição da vingança. (Carneiro da Cunha e Viveiros de Castro, 1986: 67)

Essa especificidade se explica no grande esforço que realizavam para guerrear e no contentamento com o relativamente mínimo efeito dessas expedições: alguns poucos cativos. A vingança aparece como estruturante da vida tupinambá, não como efeito de desarranjos mágicos, mas como motor em si de uma vital noção de tempo. O tempo da vingança.

Evidências sobre as mortes no terreiro corroborariam tais afirmativas. O que tornava a morte em terreiro gloriosa, não eram especificamente os efeitos mágicos que ela poderia gerar, como uma liberação rápida da alma, que encontraria imediatamente o caminho da terra sem mal. Não, o que ressaltam os cronistas é que a vítima se comporta de forma a deixar de si uma *memória* gloriosa. Não exatamente de seu nome, pois não é ele que é repassado ao executor (são outros os nomes que esse ganha com as matanças). Se não é o próprio nome, o que resta à vítima legar? É a glória, o renome. Mas se em tudo parece semelhante a morte à própria execução, qual é o conteúdo da memória? Para os autores, é apenas a memória da vingança, que é ao mesmo tempo uma lembrança e uma projeção futura. A vítima passa a fazer parte de um processo de rememoração e projeção no futuro, em que nada é personalizado. Lembranças e futuros de "relações devoradoras" entre dois grupos inimigos que, peculiarmente, parecem fazer depender um do outro (ou uns dos outros) a própria possibilidade de continuidade de si próprios. Assim como se projetassem no outro a responsabilidade pela própria continuidade temporal. "A memória de cada grupo, o futuro de cada grupo, se dá por inimigos interpostos" (Carneiro da Cunha e Viveiros de Castro, 1986: 69).

Por isso é gloriosa a morte em terreiro e o fim no repasto canibal. A vítima é um átomo em si da continuidade temporal de seu grupo. Só com sua morte, afirma os autores, dá-se a conexão com o que foi e o que virá. É uma morte social instituidora de temporalidades em relação: ela dá ensejo à movimentação do tempo, na forma de vinganças contrárias intermináveis, como "circulação perpétua da memória" entre inimigos. Isso explica a importância da transmissão do nome aos herdeiros de gerações seguintes: são a evidência da memória, o estímulo para novas incursões guerreiras, a memória dos mortos, a vontade de vingança. "O que se herda é uma promessa, um lugar virtual que só é preenchido pela morte do inimigo" (Carneiro da Cunha e Viveiros de Castro, 1986: 69). Ou seja, a memória não é a relembrança de eventos ou identidades apagadas pelo tempo, mas antes é a produção de identidades no fluxo do tempo, que acontece apenas no movimento instaurado pelo moto-perpétuo instaurado pela vingança. A morte em terreiro traduz, de certa forma, a possibilidade da imortalidade.

Se Florestan Fernandes percebeu a centralidade da vingança, o fez atribuindo a ela o instrumento da religião como forma de restauração de uma integridade da sociedade que foi atingida pela morte de seus membros. Mas Manuela Carneiro da Cunha e Eduardo Viveiros de Castro contestam essa versão, pois não se sustenta nos próprios relatos dos cronistas, como afirmou **Métraux** (1967: 70). A morte é, antes, uma ativação do tempo, numa física sociológica de continuidades. Ou seja, a vingança não deve sua existência a algo anterior a ela, é antes fundante da própria sociedade (assim, seu papel é constituir o social, e não garantir a eunomia societária).

O que seria, portanto, uma sociedade constituída pela vingança? Ela resulta numa sociedade em que a vingança não é a religação dos mortos com os vivos ou recuperação de substância, como afirmara Florestan Fernandes. A vingança não é contingente, ela é necessária para constituir a ontologia tupinambá. Ela produz a sociedade, assim como seu futuro e seu passado. Abandonar a vingança é esfacelar não o crânio inimigo, mas a própria constituição da sociedade, eliminar seu passado e futuro. A vingança não tem um fim em si mesmo, serve apenas como meio de perpetuar um movimento temporal, com novas vinganças. E essa persistência depende necessariamente da relação com os inimigos, que se tornam detentores da própria memória. A memória do inimigo é minha e vice-versa. Assim, "a sociedade tupinambá existe no e através do inimigo" (Carneiro da Cunha e Viveiros de Castro, 1986: 70).

O nexo da sociedade tupinambá é, portanto, a vingança, instituidora de sua temporalidade: é dizer que é constituída por um fluxo temporal derivado da instituição da vingança. Assim, "vingança, memória e tempo se confundem" (Carneiro da Cunha e Viveiros de Castro, 1986: 71). Essa análise permite uma contraposição às sociedades jês, nas quais em vez de estar no tempo, o nexo de existência está no espaço, que divide a aldeia, que em si circunscreve presente, passado e futuro. Tudo é referido ao espaço, e o tempo é como que eliminado da equação pela fixação dos marcos espaciais. Isso explica a diferença das vinganças tupi e jê. Se para os tupinambás a vingança é interminável, para os jês ela exige um fim, uma conclusão. As sociedades se constituem em contraposição, portanto, uma no fluxo temporal, outra no espaço imobilizado.

Para os autores, ao contrário do que acontece nos mitos, máquinas de suprimir o tempo, a vingança tupinambá é uma máquina do tempo: produtora de tempo e da própria sociedade tupinambá. O social tupinambá só existe na memória-vingança (o que explica a ausência de outras instituições fortes). Assim, a guerra instaurada pela vingança não pode ser funcional no sentido de Florestan Fernandes. Esse teria invertido meios e fins. Ela não se presta a restituir o social ameaçado, ela antes o cria e o produz. É, portanto, instituinte do real como fabricação do fluxo temporal e da possibilidade da memória.

CONCLUSÕES

Discutimos até aqui duas perspectivas relativamente contemporâneas (uma de 1951 e outra de 1986) sobre o canibalismo tupinambá. Esse fato que gerou tanta repercussão e acabou, como afirma Lestringant, impondo a imagem dos tupinambás sobre toda a América. E tomo essas duas interpretações apenas como dois exemplos possíveis. Poderíamos trazer outros autores, com outras narrativas sobre o mesmo tema, como Clastres, por exemplo. Ou ainda autores contemporâneos como Agnolin (2002), cuja análise destaca a relação entre mortos e jaguares no pensamento mítico tupi como evidência de uma relação de alteridade fundante entre mortos e vivos. Citando Clastres, Agnolin nos lembra que para os tupis, os mortos são jaguares: os mortos são expulsos do mundo social da cultura, empurrados para o lado da natureza, tornando-se jaguares.

Agnolin destaca o fato, também lembrado por Manuela Carneiro da Cunha e Eduardo Viveiros de Castro, de que em terreiros tupi, segundo cronistas como Cardim, jaguares (onças) também eram sacrificados como se fossem inimigos, e sua morte também permitia ao guerreiro ganhar nomes. Mas, ao contrário dos inimigos humanos, ao jaguar se pedia o fim da vingança e, para que isso acontecesse, sua carne não era comida. Sinal visto como uma abreviação do circuito mágico-religioso de reparação debatido por Florestan Fernandes. Ou seja, tomado como inimigo, sempre confundido com os parentes mortos (suas substâncias misturadas), matar o jaguar era diretamente afetar a relação com os mortos de alguma forma.

Mas essas são apenas interpretações, evidentemente, assim como o são as de Florestan Fernandes, Manuela Carneiro da Cunha, Eduardo Viveiros de Castro, Pierre Clastres, Métraux, entre muitos outros. Aqui nos servem essas interpretações não pelo valor intrínseco de "verdade" ou "acerto" de cada uma delas, mas como índices de uma reflexão mais sofisticada sobre a diferença, algo que a disciplina antropológica deseja e deve oferecer. A inserção desse debate sobre o canibalismo tupinambá nos ajuda a perceber como se dão os debates sobre a diferença no seio de uma Antropologia "propriamente dita", além de possibilitar rever, em retrospecto, como os autores dos séculos anteriores podiam ou não pensar os limites da humanidade com os exemplos liminares que esses indígenas ofereciam a um leitor, intelectual ou missionário europeu antigo.

Analisamos em Montaigne e Rousseau relações diferentes com os mesmos fatos, ainda que olhando para os indígenas apenas para falar de si (da própria Europa). Mas mesmo com esses limites, vimos como Montaigne atingiu a possibilidade de uma relativização da própria ideia de Europa em seus jogos de inversão de vozes. Rousseau, por sua vez, caminhava pela possibilidade de uma universalização da condição de humanidade por meio da reflexão teórica de uma passagem entre estados de natureza e estado de cultura, ainda que para isso estabelecesse um sistema pré-evolucionista de desenvolvimento do humano. Esses autores lidaram com as descrições que autores contemporâneos utilizam para produzir, supostamente, um conhecimento mais preocupado em entender os tupinambás que para entender a si mesmo, embora esse seja sempre um efeito colateral da descrição antropológica.

Ao mesmo tempo, essas descrições que mostramos aqui nos ajudam a imaginar a diferença entre o que viam os cronistas e o que deveria estar acontecendo, como índices da cegueira nativa europeia nos trópicos. Mas também entendemos como é que esse olhar enviesado se coadunou com a própria empresa colonial e os desejos tanto de enriquecimento material como espiritual, com a conquista de novas almas para a Santa Sé. Com Mello e Souza, Todorov e O'Gorman, aprendemos algo desse entrelaçamento entre a possibilidade da descrição do outro e os mecanismos de utilização dela para fins em tudo desfavoráveis aos assim descritos. A impossibilidade de os europeus antigos verem além era também uma estratégia política efetiva e eficaz, poderíamos dizer. Trazer as narrativas contemporâneas também nos ajuda a observar algo a mais sobre essas populações, para além dos interesses escusos e imediatos daqueles europeus antigos. A Antropologia nos dá a chance de repensar tanto os tupinambás como esses europeus antigos.

E não pensemos que as coisas estejam, de alguma forma, resolvidas. Elas não estão. Esse mesmo exercício pode ser aplicado hoje em dia para as narrativas sobre as populações indígenas nossas contemporâneas, ainda constantemente alvo de expropriações e violências inauditas. Elas também são descritas por novos cronistas com interesses escusos, assim também como são descritos pelos mesmos interesseiros os antropólogos, vistos como uma outra tribo a defender o primitivismo, no que já se chamou de "jardim antropológico". A capacidade de descrever e narrar ainda é um processo político e cabe a nós entender e refletir criticamente sobre esses processos.

AULA 5

Evolucionismo: perspectivas e considerações

Neste capítulo abordaremos a Antropologia em seu "período clássico", a partir de meados do século XIX, e do que ficou conhecido como pensamento evolucionista. Veremos que esse termo abarca uma variedade de posições e autores que debatiam vivamente posições contrárias. Embora autores contemporâneos tendam a reunir em alguns cânones a produção desse momento, é preciso ter em mente que eles não se distribuem igualmente entre os que não têm a mesma origem, conquanto certamente se possa atribuir um espírito geral àquele momento. Uma noção de progresso, de unidade da psique humana, a ideia de que há uma única humanidade e de que sobrevivências de costumes antigos continuam a existir em sociedades mais avançadas são alguns desses cânones. De forma mais simples, sobre eles, poderíamos acompanhar a argumentação de Celso Castro (2005):

1) Progresso

Primeiro seria preciso desvincular a ideia de que a evolução como explicação da diversidade cultural humana derivasse da ideia de evolução biológica de **Darwin**. Um dos fatores para a aceitação da ideia de evolução era sua relação com a de progresso (escada gradual) e o evolucionismo era percebido como expressão científica desse princípio mais antigo e geral, derivado da obra de **Herbert Spencer**. Segundo Castro, o impacto do trabalho de Darwin foi enorme, mas aqueles que se dedicaram a estudar a história do progresso humano estavam sob influência de Herbert Spencer. Mesmo Darwin apenas utilizou posteriormente a palavra evolução, já que ela era amplamente reconhecida, em grande medida, por causa do trabalho de Spencer, que considerava o processo evolucionário como um todo:

> o avanço do simples para o complexo, através de um processo de sucessivas diferenciações, é igualmente visto nas mais antigas mudanças do Universo que podemos conceber racionalmente e indutivamente estabelecer; ele é visto na evolução geológica [...], na evolução das humanidades [...], na evolução das sociedades [...] na evolução de todos [...] os infindáveis produtos concretos e abstratos da atividade humana. (Spencer apud Castro, 2005: 16)

A teoria de Darwin não implicava uma direção ou progresso unilineares, mas a Filosofia de Spencer levava a isso: uma disposição de todas as sociedades conhecidas segundo uma única escala evolutiva ascendente, através de vários estágios – ideia fundamental ao evolucionismo. Veremos adiante que o papel da teoria darwiniana pode ser visto de outra maneira e que também a herança de Spencer não é assim tão relevante como o faz parecer Castro.

2) História única

O evolucionismo reduzia todas as diferenças culturais a estágios históricos de um mesmo caminho evolutivo: escalona-se numa mesma linha temporal sociedades distintas e contemporâneas no espaço. O postulado é o de que, em todas as partes do mundo, a sociedade humana teria se desenvolvido em estágios sucessivos e obrigatórios, numa trajetória unilinear e ascendente. A possibilidade lógica oposta, a de decadência de um estado superior, precisava ser negada (veremos também mais adiante algo sobre isso). Assim, "toda a humanidade deveria passar pelos mesmos estágios, seguindo uma direção que ia do mais simples ao mais complexo, do mais indiferenciado ao mais diferenciado" (Castro, 2005: 28). A evolução traria um caminho natural e necessário.

3) Unidade psíquica

Deriva da ideia de história única a de que haveria uma unidade psíquica de toda a espécie humana, uma uniformidade de seu pensamento. Os "evolucionistas" não eram poligenistas, não acreditavam em várias origens para as raças humanas e não concebiam uma desigualdade natural e uma hierarquia intransponível entre elas. **Tylor**, por exemplo, afirmava que era possível e desejável "eliminar considerações de variedades hereditárias, ou raças humanas, e tratar a humanidade como homogênea em natureza, embora situada em diferentes graus de civilização" (Tylor apud Castro, 2005: 28-9). Mesmo assim esses autores consideravam as raças como desiguais em grau (e não em gênero).

4) Método

Para os autores em questão, os povos não ocidentais apareciam como um museu vivo: o "selvagem" era como um "documento humano". Assim, o estudo dessas sociedades assumia enorme importância, pois permitia reconstituir essa história universal. Os selvagens eram uma espécie de máquina do tempo. Mas esse estudo levantava lacunas que seriam preenchidas pelo método comparativo, aplicando-o ao grande número de sociedades selvagens existentes. Tylor nos diz:

> um primeiro passo no estudo da civilização é dissecá-la em detalhes e, em seguida, classificá-los em seus grupos apropriados. Assim, ao examinar as armas, elas devem ser classificadas como lança, maça, funda, arco-e-flecha, e assim por diante; [...] o trabalho do etnógrafo é classificar esses detalhes com visa a estabelecer sua distribuição na geografia e na história e as relações existentes entre eles. Em que consiste essa tarefa é uma ponte que pode ser quase perfeitamente ilustrada comparando esses detalhes de culturas com as espécies de plantas e animais tal como estudadas pelo naturalista. (Tylor apud Castro, 2005: 31)

Para ordenar desta maneira os itens culturais bastava apelar ao senso comum. A ideia de progresso estaria tão imbricada em nossas mentes que poderíamos reconstruir facilmente a história perdida, seguindo apenas o curso do pensamento.

5) Sobrevivências

Por fim, os evolucionistas percebiam que algumas coisas continuavam a existir por força do hábito, mesmo que a sociedade tivesse atingido um estágio diferente daquele em que essas coisas surgiram. Esses hábitos seriam provas de uma condição mais antiga de cultura. Exemplos dessas sobrevivências seriam aquilo que chamamos de folclore ou cultura popular, que forneceriam vestígios que poderiam permitir a reconstituição do curso da evolução cultural humana.

Esses cinco tópicos resumem o conhecimento padrão sobre o pensamento evolucionista. Acompanharemos agora um pouco do contexto social de produção do pensamento e o contexto intelectual no qual algumas dessas ideias foram geradas e como foram debatidas a fim de, ao final, podermos entender como esse resumo de itens é necessariamente uma simplificação de um processo muito complexo.

O PALÁCIO DE CRISTAL

Em 1851, uma grande exibição, uma feira das nações, foi organizada na Inglaterra, e para ela foi construída uma estrutura conhecida como "Palácio de Cristal". **Stocking** (1987) toma essa estrutura e a própria feira como uma metáfora dos dilemas que o pensamento social do século XIX enfrentava, tendo em conta uma mudança radical promovida pelo desenvolvimento da indústria: as estradas de ferro produziam um mundo onde as distâncias não eram medidas em passos ou em horas de cavalgada, as indústrias produziram um aumento espantoso na concentração urbana, milhares de trabalhadores foram deslocados do campo por leis que praticamente eliminavam direitos consuetudinários às terras. Essas mudanças produziram também o cenário terrível que **Engels** (2008) expôs no seu *A situação da classe trabalhadora na Inglaterra*, uma vez que o Palácio de Cristal, de certa forma, simbolizava a rápida transformação da sociedade tradicional britânica.

Que ideia de civilização acompanhava esse processo de transformação? Àquela altura, essa ideia tinha já uma longa história, de mais de um século, remontando aos autores do século XVIII, como Rousseau, por exemplo. O fato é que as discussões do século XVIII entraram em declínio no XIX, mas ainda influenciaram o pensamento utilitarista britânico, fonte inegável do desenvolvimento do pensamento evolucionista. As discussões sobre "civilização" eram feitas sob a sombra da Revolução Industrial, da Revolução Francesa e do renascimento de um pensamento cristão tradicional. Cada uma dessas fontes impunha dificuldades ao pensamento da civilização.

Os pensadores do XVIII tinham como um pressuposto comum, em geral, a unidade básica dos diversos grupos humanos, unidade que derivava também de uma herança da tradição cristã. Nesse momento, as questões não eram raciais ou estritamente físicas: as discussões eram limitadas pela tradição bíblica e os limites entre a espécie humana e outras espécies animais. Na tradição cristã, o homem não fazia parte da natureza, afinal era feito à semelhança de Deus e tinha o mundo "natural" à sua disposição por vontade divina. O pensamento sobre a evolução da sociedade no XVIII era essencialmente social e não biológico.

A civilização era vista no singular: o nome no plural aparece apenas no XIX. Essa ideia estava ligada com a certeza da superioridade europeia e pela impossibilidade de ver o mundo como resultado de várias formas de pensar a realidade a partir das diferenças nas formas de vida. Tudo o que não se relacionava ao desenvolvimento da razão era visto como erro ou superstição. Stocking indica que tanto na França como na Grã-Bretanha surgiram especulações teóricas sobre o problema da civilização que já apontavam para as pressuposições metodológicas, as sequências de desenvolvimento e conceitos específicos do futuro evolucionismo cultural: a unidade psíquica da humanidade, o método comparativo, os estágios do desenvolvimento intelectual etc.

Ao passo que na França e Inglaterra o debate levava em conta a categoria de "civilização", na Alemanha, a categoria era "cultura". Esse termo, em vez da pretensão universal da civilização, referia-se à moral interior e às manifestações estéticas do espírito humano. Autores como Johann G. Herder, por exemplo, são modelares nessa tendência e tinham uma postura mais relativista e pluralista que autores franceses e britânicos. Eles estavam atentos às diferenças nacionais. Por outro lado, como já vimos, esse pensamento também deu origem a um nacionalismo chauvinista, até com pressuposições racializadas. Essas preocupações alemãs se desenvolveram, no XIX, em várias disciplinas, como a Filologia Comparada, cuja influência nos estudos evolucionistas seria importante. As tentativas de pensar o desenvolvimento das línguas europeias imaginavam um cenário de migração, com uma sequência de povos se deslocando pela Europa, configurando um cenário inicial para as classificações que evolucionistas elaborariam no XIX. Notava-se aí, entretanto, uma tendência cristã importante, na qual a história da humanidade era uma história de migração das populações a partir de um ponto central (Adão e Eva).

Na França, o pensamento sobre a civilização foi influenciado pelos pensadores racialistas de uma Antropologia física (frenologia) como **Georges Cuvier**. Mas autores como Auguste Comte eram menos interessados na possível diversidade racial e mais por uma perspectiva geral biologizada sobre vida, organização e problemas de comparação e classificação. Comte pensava em progresso e evolução, mas num cenário essencialmente estático no qual o desenvolvimento da sociedade vem depois do biológico. Mas o estudo do progresso da civilização (mesmo que apenas europeias) teve em Comte e seu positivismo um modelo influente.

Na Inglaterra, a discussão sobre civilização era tomada pelo medo da Revolução Francesa. O utilitarismo de **Jeremy Bentham** é o modelo: prazer e dor eram os mestres da humanidade e o princípio da utilidade (ou seja, o homem tomando decisões racionais com base em suas necessidades e planos) fundava os princípios de governabilidade e de moralidade. A questão é sobre como se desenvolveu o pensamento do progresso da civilização num meio utilitário: **Adam Smith, David Ricardo** e **James Mill**, por exemplo, pensavam numa distinção entre o homem selvagem e o civilizado (e os princípios efetivos do utilitarismo se prestavam a explicar o segundo). Em **Malthus**, temos uma elaboração do processo de desenvolvimento com o crescimento populacional como motor da passagem da selvageria para a civilização. A economia política explicitava o antagonismo entre natureza e civilização: era preciso vencer os instintos e progredir a razão. Era uma doutrina de contenção e constrangimento prudente: a habilidade de abrir mão de um prazer imediato para garantir a liberdade individual surge como um pano de fundo para os futuros desenvolvimentos do evolucionismo.

Essa perspectiva via os selvagens como incapazes de razão, indulgentes, ávidos por satisfazer seus prazeres imediatos, inaptos a abrir mão dos desejos, ou seja, homens à mercê da natureza. Eram o contraste do homem civilizado, um controlador da natureza (tanto externa quanto interna). Aqui os traços de primitivismo, do bom selvagem do século XVIII, são exorcizados. Se o bom selvagem era a visão de um intelectual que via o trabalho como uma maldição do homem caído do paraíso, os intelectuais moldados por uma sociedade do trabalho no XIX teriam uma visão pessimista em relação ao selvagem: homens sem trabalho, incapazes de domar a natureza. Na Inglaterra, no começo do século XIX, há uma integração ideológica entre civilização e produtividade humana.

Um elemento final é acrescido ao problema da civilização na Inglaterra: o surgimento do darwinismo. No século XIX inglês há uma insistência na divisão entre humanidade e animalidade. Um ressurgimento do cristianismo condicionou o pensamento britânico antropológico naquele momento. No período pré-darwiniano, a tradição bíblica assume um status paradigmático. Todos os homens eram vistos como descendentes do par original, formado por Deus como ato final de criação e para quem a religião verdadeira e outras instituições fundamentais da civilização foram reveladas. Algumas ideias comuns à Antropologia do XIX estavam ligadas a essa concepção: a unidade do homem, seu surgimento recente no mundo, a degeneração dos povos selvagens e uma clara distinção entre homens e animais.

A distinção entre homens e animais reforçava a rejeição da ideia de origens plurais para a humanidade. Por outro lado, a ideia de degeneração expunha outra alternativa para a explicação da diferença entre os humanos e influenciou o pensamento sobre a diferença nesse período. Temos uma hierarquia e unidade ao mesmo tempo, assim como um etnocêntrico pensamento cristão discriminador dos povos não europeus. Não havia interesse em pensar uma origem distinta das populações humanas, como se fazia sentir em vários lugares da reflexão, principalmente nas ciências naturais. Assim, o surgimento do evolucionismo britânico pode ser pensado como a convergência de duas preocupações antes separadas: o estudo da variedade da humanidade que ainda deveria se livrar dos limites impostos pelo pensamento bíblico e o estudo do progresso da civilização em termos positivistas. A ideia de civilização, na segunda metade do século XIX aparece menos como um problema e mais como uma pressuposição. A questão é como explicar o processo de desenvolvimento e menos como pensar sua existência.

OUTROS ENQUADRAMENTOS ANTERIORES

Uma fonte de influência para os evolucionistas britânicos[8] foi o pensamento de **James Cowles Prichard** (1841) e sua "Etnologia", que aparece como um enquadramento para o estudo da Linguística e características físicas e culturais dos povos não europeus, os "não civilizados". Aqui já temos uma antinomia entre Europa civilizada e outros que seria central para o pensamento antropológico tanto no XIX como no XX. A Etnologia é uma ciência, nesse formato, de resíduos e sobras: era uma fusão de diversos modos de pensamento, como a história natural, a Filosofia moral e tradições humanísticas. O problema central da Etnologia de Prichard era a diversidade humana, e produziu um debate sobre o selvagem que nenhum outro campo de discussão levava adiante. Da mesma forma, o evolucionismo social era uma ciência sobre os selvagens. Para entender esse último, é preciso entender o primeiro, como seu antecessor imediato.

O trabalho de James Cowles Prichard ilumina um pensamento pré-darwinista sobre a diferença. O seu trabalho era se contrapor ao pensamento derivado da anatomia comparativa, dominante no momento, e que tendia a ver o homem como racialmente diverso (poligenismos). O pensamento cristão inglês sentia a necessidade de se contrapor a essa argumentação racialista, para defender a unidade do homem sob a criação única de Deus. A posição de Prichard era defender um início comum a toda humanidade, quando todos tiveram acesso às verdades e moralidades impostas por Deus. A história sucessiva de dispersão desse momento inicial seria uma de degeneração e perda da verdade. Depois da destruição da Torre de Babel, os descendentes de Noé produziram toda a diferença que conhecemos, e isso no período máximo de 6000 anos, que era o tempo reconhecido pela cronologia bíblica como o de criação do homem e sua dispersão.

Assim, a diferenças atuais eram produto de um único desenvolvimento histórico. As diferenças físicas derivavam da influência dos ambientes geográficos e sua percepção da biologia supunha uma separação incontornável entre homens e animais (antievolucionária, nesse sentido). A preocupação era com as origens, porque a difusão dos povos pelo mundo era uma forma melhor de ligar as nações separadas com a única fonte de tudo. É de Prichard a constatação, portanto, de uma unidade psíquica do homem. Não era um pressuposto, como seria para Tylor, mas antes uma conclusão derivada de uma análise da sequência uniforme da religião. A metáfora que explica o trabalho de Prichard é a de uma árvore, como Noé em seu início. Esse paradigma etnológico teve bastante influência, e pode-se pensar nele como precursor do evolucionismo social, a partir de contraposições e críticas que se lhe fizeram.

Uma combinação de perspectivas da Filologia clássica e sua preocupação com as origens "arianas" das línguas europeias e os estudos de folclore na Inglaterra e suas preocupações em separar heranças celtas das origens saxônicas (de cepa germânica) levaram gradualmente a uma racialização da percepção sobre as diferenças. A identidade linguística era facilmente expressa em termos raciais e tão cedo como em 1840 a ideia de uma raça anglo-saxônica era lugar-comum. Uma percepção de superioridade dos supostamente controlados germânicos sobre os "impulsivos" celtas foi estendida para pensar a relação entre selvagens e civilizados.

O pensamento sobre a raça, entretanto, não era firmemente colocado em termos biológicos em meados do século XIX. O processo pelo qual raça tomou um sentido biológico ainda não estava completo e havia um embaralhamento entre pressuposições físicas e culturais de sua característica. A ideia de que características culturais seriam herdadas biologicamente era amplamente aceita. Dada a convicção que o meio geográfico influenciava em muito a forma da vida das populações e que as características de comportamento impostas pelo ambiente seriam, portanto, herdadas, a noção de raça como biológica era apenas secundária. Mas havia quem professasse uma perspectiva mais determinista, em termos poligenistas. Uma certa Antropologia física, embora periférica, tinha suas influências no pensamento britânico. A questão é que a perspectiva racialista rompia com o parâmetro da Etnologia de Prichard, pois previa humanidades distintas.

Quando *A origem das espécies* de Darwin veio ao lume (1859), o ponto de vista poligenista tinha razoável impacto na Inglaterra, mas menos que na França, com Pierre Paul Broca e outros. O fato é que a perspectiva da unidade da humanidade estava sob ataque pelos poligenistas. As pressuposições darwinianas de que o homem era mais um animal entre outros também questionavam a Etnologia cristã de Prichard, embora o ponto de vista poligenista em si fosse questionado pelo darwinismo e sua explicação para a origem da humanidade (e sua relação com outras espécies de primatas). O darwinismo possibilitou não apenas que a humanidade presente e passada fosse estudada como uma espécie animal, mas livrou o problema da origem da humanidade de ser tratado como uma questão divina. Esse processo foi possível com o que Stocking chama de uma "revolução no tempo humano".

A partir de 1850, a arqueologia britânica passou a ter um lugar central, quando descobertas de sítios arqueológicos levaram finalmente à conclusão de que a história humana não poderia se limitar aos 6000 anos bíblicos. Embora houvesse muita resistência à ideia de um homem pré-diluviano, lentamente os fatos arqueológicos se impuseram. Esquemas evolutivos que pensavam passagens entre eras (bronze, ferro etc.) foram elaborados com base em exposições de museus. O impacto do alargamento do horizonte temporal do homem teria influência fundamental no pensamento evolucionista.

A Etnologia de Prichard assumia um difusionismo racial, com a movimentação de raças pela Europa. Mas as evidências de um lapso temporal maior levantaram dúvidas a esse modelo e colocaram também em dúvida a eficiência da Filologia para explicar as origens dos movimentos populacionais e da humanidade. Quanto mais longa a história da humanidade, mais difícil seria traçar sua origem com base nas migrações. Essa perspectiva fortalecia o argumento dos poligenistas sobre a diversidade da origem das populações humanas. Essa revolução arqueológica possibilitou duas precondições para o desenvolvimento do darwinismo: ajudava a preencher o lapso de tempo entre o homem e o desenvolvimento de formas animais anteriores e deu a profundidade temporal necessária para a hipótese de uma evolução entre as formas primatas e a forma humana ser mais aceita.

Mas no contexto pós-darwinista o ponto de vista poligenista perdeu espaço em prol de uma visão unificada da origem humana, não mais divina, mas "natural". Se a perspectiva etnológica sofreu com a extensão do tempo, teve o princípio de unidade confirmado pelo avanço do darwinismo. O resultado dessa mudança foi a criação da "Antropologia", livre das limitações religiosas, mas confiante na unidade da humanidade. Com isso veio uma mudança para o entendimento da origem da humanidade e uma mudança do vetor espacial para o vetor temporal nas explicações gerais. Junto à ideia geral do progresso positivista, a história do homem poderia ser objeto de estudos científicos. Lentamente, a metáfora de uma escada com degraus supera a da árvore como motor da explicação antropológica nesse momento.

Temos também um aumento exponencial do conhecimento de populações nativas, produzidas pelo Império, pelos missionários, comerciantes e aventureiros. Costumes de povos muito distantes poderiam ser correlacionados, como **Alfred R. Wallace** (1979) propôs para indígenas do rio Uaupês (Amazônia) e da Nova Guiné. A ideia da invenção independente começa a ganhar força, *vis-à-vis* a da mesma origem por difusão. Algumas formas de organização de parentesco, por exemplo, pareciam muito regulares, como viriam a notar os evolucionistas sociais. A produção de muitas informações colocou a questão do excesso de descrições em foco, e a saída seria dar a essas informações um tratamento científico, como uma história natural da civilização. Os primeiros temas de análise foram a religião e o parentesco.

Mas ainda faltava uma inversão sistemática, aquela que abandonava a ideia de degeneração sucessiva para a da evolução linear. O material para estabelecer essas sequências de evolução era justamente essas similaridades em áreas muito separadas, como evidências dos estágios evolutivos. Ainda em 1850 era possível pensar em progresso sem pensar em termos evolutivos. Spencer, por exemplo, independentemente de Darwin, pensava o progresso como a complexificação necessária dos organismos (sejam biológicos, ou sociais, ou físicos). Caminhava-se da homogeneidade para a heterogeneidade. Isso implica uma teleologia, um destino manifesto para o progresso, sempre no sentido de complexificação, o que não é exatamente o modelo de Darwin, pois para ele não há um sentido determinado de evolução, há processos de seleção natural que podem, inclusive, promover um sentido diferente ao da complexificação. Mas o fato de ter desenvolvido seu modelo independentemente de Darwin, de certa forma o colocou à parte dos demais evolucionistas sociais. Spencer, por sua vez, nunca esteve preocupado com a ideia de unidade da psique humana. Mesmo a percepção do progresso das sociedades era marcada por um lamarquismo: "não pode haver dúvida que essas variáveis de disposição, que tem uma relação mais ou menos evidente com os hábitos de vida, têm sido gradualmente induzidas e estabelecidas em sucessivas gerações, e se tornaram orgânicas" (Spencer apud Stocking, 1987: 141).

Essa solução, de certa forma, racializava a ideia de progresso social, algo que os evolucionistas sociais evitaram a todo custo e que tem relação com um ambiente já darwinista. Essa perspectiva de Spencer desafiava a pressuposição da unidade psíquica. Stocking chama a postura de Spencer de um evolucionismo associativista, de fundo essencialmente utilitarista.

O darwinismo pós-1858 (lançamento de *A origem das espécies*) foi, sem dúvida, um ponto de referência intelectual para os evolucionistas, embora muitos autores contemporâneos afirmem exatamente o contrário. Para Stocking o trabalho de Darwin era tão cheio de referências usuais aos evolucionistas que era evidente que compartilhavam um mesmo sentido, facilitando a aceitação das teorias darwinianas. O impacto dessas teorias na Antropologia vitoriana é complexo e marcado por diferentes leituras. O avanço do darwinismo superou muitas resistências, principalmente dos poligenistas, incomodados com a origem comum das "raças", e dos religiosos, chocados com a "natureza humana" apresentada na teoria darwiniana: "O ponto, então, é que embora o evolucionismo sociocultural não era uma simples transposição do pensamento biológico para o reino social, ele era contudo profundamente implicado na revolução darwinista" (Stocking, 1987: 150).

Autores como **John Lubbock**, **McLennan**, Tylor compartilhavam algumas pressuposições: tanto os fenômenos socioculturais como o mundo natural eram governados por leis que a ciência poderia descobrir; essas leis operavam uniformemente seja no passado ou presente; o presente deriva do passado por um processo contínuo e progressivo; isso se passa de estruturas simples para complexas; todos os homens compartilham a mesma psique; a interação do homem com o ambiente é resultado e motivo dos estágios de desenvolvimento; estes grupos e suas tecnologias são efetivamente mensuráveis; os grupos humanos podem ser escalonados numa ordem; sociedades primitivas contemporâneas equivalem a estágios anteriores das sociedades mais avançadas; na ausência de evidências, pode-se usar essas populações contemporâneas por comparação; esse método comparativo pode ser confirmado por sobrevivências de comportamentos mais primitivos nas sociedades mais avançadas. Esses termos definem o evolucionismo social.

Mas a ideia de "invenção independente", por exemplo, não serve exatamente aos evolucionistas. E as ideias mencionadas não se ajustam adequadamente a todos os autores, indicando como é problemático definir "escolas" historicamente. Essas pressuposições não eram exclusivas do evolucionismo, estavam circulando por um tempo no progressivismo do século XVIII e no utilitarismo do XIX. Os evolucionistas britânicos podem ser vistos como parte da tradição utilitária. A ideia da sobrevivência de costumes com base em sua utilidade antiga respondia a um desafio dos utilitaristas, o de explicar práticas não lógicas em sociedades "avançadas". O que une esses autores é um problema comum, um contexto particular, mesmo corpo de dados e um método similar de tratamento das questões, bem como um compromisso com uma explicação naturalista utilitarista.

Apenas quando os avanços na Arqueologia estenderam o tempo humano e o darwinismo ligou os homens às formas primatas antecedentes foi possível um considerável investimento no estudo nas origens socioculturais do homem. Nesse processo, a Etnologia de Prichard foi fundamental ao trazer uma preocupação comparativa no estudo das evidências dos povos selvagens contemporâneos. A missão era preencher o vazio entre a origem remota e o avanço cultural do homem, coisa que a Arqueologia e a Biologia não poderiam responder. Uma vez livres das teorias da degeneração a questão era pensar o desenvolvimento das formas sociais e as instituições como família, parentesco, religião, propriedade foram os eixos fundamentais nesse processo. O preenchimento do vazio utilizou-se de sociedades "primitivas" contemporâneas no tempo para pensar o passado.

Vemos que, para contrabalançar o argumento degeneracionista, o recurso à invenção independente era fundamental, mas dava mais ensejo a uma perspectiva mais poligenista que darwinista. Em vez de assumir a relação histórica e genética entre formas similares, eles recorreram à ideia de origem independente: a mente em situações semelhantes criaria as mesmas formas sociais. Ou seja, em vez de colocar essas formas como galhos de uma mesma árvore, elas aparecem como desenvolvimentos paralelos e independentes. Assim, as questões de conexões historiográficas (como as propostas posteriormente por **Willian H. R. Rivers**) foram simplesmente colocadas de lado. O que importava eram as comparações entre sistemas, muitas vezes absolutamente fora de seus contextos individuais. Mesmo entre eles havia críticos dessa postura e **Henry J. S. Maine** foi um dos que levantaram essa questão. Mas o método levava a suposições, já que não se imaginava que qualquer sociedade representava efetivamente o homem das pedras. Como os intelectuais do século XVIII que imaginavam um estado de natureza, os evolucionistas especulavam teoricamente sobre a sociedade primeira e sobre os estágios evolutivos.

UM TRAJETO DAS INSTITUIÇÕES PRIMITIVAS: UM EXEMPLO COM O PARENTESCO

Para vermos na prática um exemplo de como o desenvolvimento dessas instituições era objeto de especulação, vamos acompanhar rapidamente o debate evolucionista sobre o parentesco.

Maine, por exemplo, estava preocupado em saber como a sociedade se organizava sem Estado, influência de sua formação como jurista. O sistema legal primitivo seria ligado aos grupos corporados e as sociedades "primitivas" produziam pessoas associadas em relações de sangue. Ou seja, o parentesco seria a estrutura social dos primitivos. No seu *Ancient Law* (1861), Maine defendia que: a humanidade original era livre e igualitária; o homem era membro de grupos familiares "corporados", ou seja, governados por patriarcas despóticos e que a relação indivíduo-sociedade era instaurada pela família; as famílias respondiam pelo direito, eram grupos com fronteiras delimitadas; os grupos familiares tornavam-se, no tempo, mais e mais complexos, mudando eventualmente para corporações patrilineares; a transição de sangue para solo (*jus sanguinis* para *jus solis*) acompanha a transição do *status* para o contrato (do parentesco para o Estado) e seria a grande evolução da espécie humana.

McLennan (2010) em 1865 publica *Primitive Marriage*, em reação a Maine. Nesse livro defendia que: a família era o fim de um processo de desenvolvimento e não a fonte da organização humana; os conjuntos básicos de parentesco eram grupos de irmãos mais suas esposas; viviam sem patriarca dominante, com mais fraternidade; a família tem origem matriarcal, já que ninguém estava ligado a algum pai específico. McLennan, por sua vez, inspirou **Morgan** (1997), para quem as terminologias de parentesco eram a entrada para o estudo da família proposto por Maine, considerando-as a via real de compreensão do sistema de parentesco, além de o dado linguístico ser o caminho certo para acessar esse entendimento. Ele dividia as famílias em dois tipos: descritivos e classificatórios. Estes têm termos complexos derivados de termos simples, caráter mais sintético em relação aos fatos genealógicos e neutralizam a diferença entre linear e colaterais. Já os sistemas descritivos (como o das sociedades mais avançadas) têm termos simples, caráter mais analítico: mais parentes por categoria, e incorporam a distinção entre linear e colateral (Silva, 2010).

A hipótese é que os sistemas classificatórios antecedem os descritivos no tempo e que a perda da complexidade se deve à passagem do controle social da estrutura de parentesco para a estrutura do Estado (propriedade), fato depois destacado por Engels. Incluía em sua análise a imaginação de que conjuntos de irmãos se casavam com conjuntos de irmãs, numa família comunal "original". O primeiro sistema era matrilinear, seguido de uma complicada hierarquia de formas, terminando na família nuclear; esta, por sua vez, coincidia com a emergência da propriedade privada e do estado territorial (Almeida, 2010).

Lorimer Fison (1880), discípulo de Morgan (e posteriormente de Tylor), afirmava que se a sociedade original era composta por dois grupos de irmãos que trocavam irmãs, isso resultaria num padrão de casamento com primos específicos (filhos de irmãos e irmãs de sexo oposto). Tylor (1888) e **Frazer** (1887), por sua vez, arbitraram a disputa entre Maine e rivais (Kuper, 1988), estabelecendo que: a sociedade primitiva era originalmente um "todo orgânico", dividia-se em dois blocos idênticos, exógamos e grupos de descendência e aceitava-se que estes grupos eram matriarcais. Tylor cunhou o termo "casamento com o primo cruzado" para esse fenômeno.

Assim, as sociedades primitivas eram ordenadas por relações de parentesco, baseadas em grupos de descendência exógamos e relacionados por trocas de casamento (primos cruzados). Essas instituições primárias teriam reflexos em certas cerimônias e terminologias de parentesco que demonstrariam a herança de um estado em que descendentes exógamos trocavam esposas sistematicamente e, por fim, definia-se os povos mais primitivos como os aborígenes australianos. Finalmente, desenvolveu-se a propriedade privada, os grupos de descendência desapareceram e o estado territorial emergiu, seguido de mudanças revolucionárias. Por sua vez, Rivers (1900) aceitava a caraterização tradicional da estrutura social australiana, mas argumentava que a melanésia era diferente. Os casamentos entre parentes específicos, traçados genealogicamente (particularmente primos cruzados) produziam padrões específicos e o casamento melanésio não teria emergido do australiano. Portanto Rivers defendia que não havia uma linha fixa de evolução social, e as sociedades mudavam por migrações e contatos e a Austrália não poderia ser considerada o começo de tudo.

Vimos rapidamente a história de uma constituição do parentesco como problema, como instituição fundamental no pensamento da evolução humana nas mãos dos evolucionistas sociais. Em termos gerais, são desenvolvimentos especulativos imaginados a partir dos dados coletados. Eles constituem o parentesco como objeto e também, ao mesmo tempo, elaboram séries evolutivas especulativas que seguem as lógicas individuais de cada autor em específico.

CONCLUSÕES

Havia uma tendência, entre os evolucionistas, a recusar o difusionismo como explicação, já que a profundidade histórica da humanidade impedia o uso coerente da história como método de análise. Embora o difusionismo estivesse mais próximo da Etnologia prichardiana e de uma concepção darwinista em si, o evolucionismo ficou mais afeito à ideia de invenção independente, mesmo com suas conotações poligenistas evidentes. **Franz Boas**, em 1896, notaria essa anomalia em carta a Tylor. A importância do difusionismo não esmoreceu com o avanço do evolucionismo social, entretanto, e mesmo Tylor, ao final da sua vida, preocupava-se especificamente com processos de difusão. Temos assim, uma continuidade também da Etnologia prichardiana ao longo do século XIX.

Podemos pensar que o evolucionismo social é menos um paradigma e mais uma síntese de elementos provenientes de várias tradições intelectuais: Etnologia prichardiana, Antropologia física, progressivismo do século XVIII e utilitarismo, numa tentativa de responder novas questões colocadas pela revolução darwinista. O fato é que as populações selvagens ganharam uma centralidade incontornável com o evolucionismo social, mesmo que fosse apenas para considerá-las como evidências de um passado. Ainda que a pressuposição de sua inferioridade fosse abertamente declarada – afinal eles teriam perdido o passo da evolução, enquanto o trabalho do europeu teria levado a civilização ao seu limite extremo de desenvolvimento. As formas culturais "selvagens", mesmo que centrais, tinham um interesse subordinado à imaginação, no fim, da própria história da humanidade, que coincidia em seu ápice com a história europeia. O estudo das formas não as detalhava por si mesmas, mas unicamente para iluminar o desenvolvimento do cavalheiro inglês.

Os selvagens eram vistos como extremamente ignorantes e inconsequentes, por um lado, mas também como observadores e lógicos, por outro. Essa imagem dupla da selvageria tem relação com o preconceito evidente, mas também com a necessidade de chegar a termos com o utilitarismo subjacente a toda reflexão. Obviamente, o evolucionismo é tanto uma ideologia colonial (foi usada nesses termos, embora ideologias poligenistas também o fossem), como uma forma de afastar um relativismo germânico que questionava o utilitarismo inglês. Outra questão importante era a da localização dos "agentes do atraso" dentro da sociedade britânica. Os camponeses na fronteira celta e os trabalhadores fabris nos grandes centros eram um problema resolvido em termos de "sobrevivência" do primitivo, revelando um caráter inelutável de classe na argumentação evolucionista. Quase como raças a parte, os pobres eram um problema analítico-social para os escritores (em geral de classe média) e é inegável que o evolucionismo é uma resposta também a essas angústias, como uma ideologia para lidar com a diferença fora da Grã-Bretanha, mas também com a diferença dentro do país (mas apenas a diferença que se olhava de cima para baixo). A selvageria dentro do mundo civilizado era um paradoxo a ser resolvido pelos escritores vitorianos. O fato é que a revolução industrial produziu uma separação ainda mais abrupta entre as classes sociais em meados do século XIX.[9]

O processo de civilização, que envolveria a autocontenção moral e racional não se estendia às classes trabalhadoras, mas deveria sê-lo, como necessidade urgente. Afinal, a curva de crescimento populacional dessas populações "descontroladas" e "sem moral" era maior que a das classes médias e aristocratas, no que poderia se configurar uma autêntica bomba malthusiana. Era preciso uma revolução moral dos pobres e excluídos, que os levassem a uma moral ascética e trabalhadora: uma imposição do puritanismo ao resto da sociedade. Como ideologia moral, esse mecanismo jogava nas costas dos pobres a responsabilidade pela própria pobreza: se não eram capazes de se ater a uma moral de restrição sexual e ter menos filhos e trabalhar mais, não poderiam sair da condição da pobreza. Se a racionalidade não atingisse suas mentes, não haveria como melhorar de vida. Temos uma oposição entre instinto e razão, entre selvageria e civilização, entre contenção sexual e paixões irrefreáveis.

Mas o selvagem também precisa ter algo de razão; de outra forma, não teria havido qualquer evolução social a ser mensurada pelos evolucionistas. Era preciso, portanto, recorrer tanto à imagem do selvagem de instintos não governados como ao selvagem racional, capaz de superar os clamores da natureza. Assim se explica a passagem do politeísmo ao monoteísmo, da poligamia à monogamia, por exemplo. A própria evolução social possibilitava a superação da natureza interior ao homem, argumento de certa forma contrário ao darwinismo corrente, em que o progresso não tem um sentido determinado por nada a não ser o acaso específico da adaptação mais eficiente aos diferentes ambientes.

As ideologias morais atreladas ao evolucionismo também justificavam a exclusão de parcelas da população da Grã-Bretanha na vida política. Como os selvagens, as crianças, mulheres e pobres não poderiam votar, pois não eram ainda portadores da racionalidade suficiente para que isso fosse possível. A emergência de uma consciência de classe média baseada no puritanismo e nos preceitos do progresso do século XIX teve tanto um aspecto progressista, ao criticar a ordem essencialmente aristocrata, quanto conservador ao destacar ainda mais os marcadores de classe que a separava das classes trabalhadoras. Os autores evolucionistas eram, porém, otimistas com o progresso de forma geral, em contraposição aos malthusianos que viam na sociedade apenas um mecanismo para impedir a seleção natural de funcionar corretamente. Assim, "o evolucionismo social foi um tipo de genealogia cósmica para a civilização de classe média, buscado por homens cujos pais eram homens de negócio, muitos dos quais candidatos para entrar na aristocracia intelectual que estava emergindo de fontes similares nesse período" (Stocking, 1978: 233).

Ao final do século XIX, os evolucionistas na Grã-Bretanha e EUA estavam consolidando a ciência antropológica em ambientes acadêmicos e em museus, principalmente. Figuras como Morgan e **John W. Powell**, nos EUA, e Tylor, McLennan, Lubbock, Maine na Inglaterra são vistos como pais fundadores e também como a primeira geração de evolucionistas. Por volta de 1880 temos outra geração em destaque – com **William Robertson Smith** e Frazer, por exemplo –, que enfrentou uma "revolta contra o positivismo" (Stocking, 1978: 287), marcada pela influência do romantismo alemão. Franz Boas, nos EUA, iria conduzir uma cruzada antievolucionista que marcaria a Antropologia americana no século XX. Esse movimento teria impacto na criação de uma visão menos etnocêntrica e mais favorável às populações não brancas do mundo.

Por outro lado, uma parte da crítica veio de um revivalismo das perspectivas difusionistas, das quais Boas seria um continuador com suas preocupações com a história e a disseminação de costumes. Na Inglaterra, a reação veio primeiro de uma neoetnologia difusionista, principalmente pelas mãos de Rivers, crítico das especulações generalizadas dos evolucionistas e advogado de um difusionismo contido e elaborado. Os discípulos de Rivers, **G. Elliot Smith** e **Willian J. Perry** levaram o difusionismo muito mais além, sendo objeto de críticas ácidas da próxima geração de antropólogos ingleses, que recusariam tanto evolucionistas como difusionistas como modelo analítico possível.

AULA 6

Difusionismo como alternativa

Difusionismo foi uma tentativa de entender a natureza da cultura em termos de origens de traços culturais e sua dispersão de uma sociedade a outra. Buscava elucidar como e por que as culturas mudam e como se deram as similaridades culturais em lugares tão distintos. As culturas eram consideradas, portanto, como "colchas de retalho", como a soma de várias origens e histórias interligadas. O corolário é que as partes de uma cultura não necessariamente formariam um todo maior e a sociedade não seria necessariamente coerente, funcional etc. A noção de cultura de Tylor, como todo integrado, portanto, não é um pressuposto dos difusionistas. A história cultural era uma longa história fragmentada por encontros culturais e influências e cada feição dela era única.

O difusionismo foi uma alternativa teórica ao evolucionismo em meados do século XIX, justamente pelo respeito aos fatos e pretensões teóricas mais modestas em suas melhores versões, embora não tenha ficado livre de desvarios. A novidade no difusionismo foi a comparação sistemática e a ênfase no conhecimento empírico detalhado, herança do trabalho de **Adolf Bastian** na Alemanha. Como Rivers, muitos difusionistas trabalhavam em regiões delimitadas, onde era possível demonstrar convincentemente que "traços culturais" específicos tinham uma história identificável.

O difusionismo foi principalmente uma especialização germânica, durante os finais do século XIX, com centros nos grandes museus de

Berlim e Viena. Tendo pouca influência na Grã-Bretanha e França, e importantes repercussões nos EUA, as ideias difusionistas eram mais compatíveis com antropólogos de nações que haviam se formado apenas há 50 anos antes, segundo Eriksen e Nielsen (2007). Os difusionistas tendiam a trabalhar em algum enquadramento evolucionista, mas a ideia de cultura de Herder e o relativismo de Bastian contrabalançaram essa tendência. Os difusionistas alemães eram também inspirados no trabalho do opositor de Bastian, **Friedrich Ratzel**, e defendiam que a evolução cultural não era unilinear e que não havia determinismo simples entre coisas como complexidade tecnológica e complexidade em outras áreas. Povos com tecnologia simples podiam perfeitamente ter sistemas religiosos altamente complexos.

Muitos difusionistas acreditavam na ideia de progresso e sofisticação gradual, como os evolucionistas, mas não achavam que ele fosse unilinear e determinista. Embora evolucionismo e difusionismo tenham sido varridos de cena pelas gerações subsequentes, a pesquisa difusionista era muito mais sofisticada que os antropólogos posteriores estavam dispostos a aceitar e, de muitas maneiras, permanece na agenda antropológica sob outras e novas rubricas, como "estudos de globalização", "ecologia cultural", "modernização", "teoria da dependência" etc. Recentemente, os processos de globalização e transnacionalização de fluxos culturais têm sido tratados a partir de uma percepção de difusão, muitas vezes não discutida.

O difusionismo não era um movimento unificado, mas uma tendência com várias configurações, mais e menos interessantes, mais e menos radicais. Há desde autores que defendem que todas as culturas derivam de apenas uma cultura (heliocentrismo), a outros que compreendem as culturas como originárias de um número limitado de centros culturais (círculos culturais) até a noção de que cada sociedade é influenciada por outras, mas que o processo de difusão é contingente e arbitrário, sem pressupor nenhuma teleologia. Para os autores dessa última perspectiva, entre eles Rivers, o difusionismo pode ser simplesmente a ideia da difusão de um item cultural do seu lugar de origem para outros lugares, através de migrações, comércio, guerra e outros contatos.

ORIGENS

As origens remotas do difusionismo estão no século XVIII, com o trabalho da Linguística comparada, que mostrou conexões históricas na linguagem dos grupos, incluindo falantes de línguas geograficamente distantes no presente. **Sir Willian Jones** descobriu similaridades entre o grego, o latim e o sânscrito. No século XIX, o trabalho de **F. Max Müller** foi de grande importância, tendo estudado com os filologistas do fim do XVIII. Dedicou-se aos textos orientais. Promovendo a relação entre sânscrito, latim e grego, ele municiou os evolucionistas que defendiam a noção de unidade psíquica. Mas influenciou também os difusionistas, demonstrando que as religiões e também as linguagens das sociedades antigas estavam relacionadas. Ele negava que todas as sociedades deveriam passar pelos mesmos estágios de crença religiosa e imaginava que as similaridades religiosas deveriam vir do contato entre as sociedades.

O difusionismo inicia-se de fato na metade do século XIX, como forma de entender a natureza da distribuição da cultura humana através do mundo. A questão era se a cultura humana tinha se desenvolvido de forma similar à evolução biológica (ou seja, cada uma seguindo seu caminho) ou se a cultura se difundiu a partir de centros de inovação, por difusão. Duas escolas emergiram em resposta a essa questão: o difusionismo mais extremo afirmava que havia apenas um ou poucos centros de difusão, dos quais os traços culturais importantes se difundiram para o resto do mundo; e o evolucionismo, na direção contrária, propunha uma "unidade psíquica da humanidade", que defendia que todos os seres humanos compartilham traços psicológicos que os fazem capazes de inovar (e se desenvolver seguindo os mesmos estágios de evolução).

Estava implícita no desenvolvimento do difusionismo a ideia de que as pessoas não eram inventivas, que as coisas, uma vez inventadas, se espalhavam, que havia contatos lado a lado e que pessoas de "cultura rica" precisariam emigrar, para espalhar os traços culturais. Isso é contrastante com o evolucionismo, em que as pessoas eram imaginadas como inventivas (unidade da psique humana), e se pressupõe que elas vão eventualmente inventar as mesmas coisas, enquanto progridem.

A corrente teórica difusionista surgiu para explicar a natureza da cultura e como se ela se espalhou para o restante do mundo a partir de um ou mais centros. O conceito de difusão se fortaleceu perante a sua oposição ao conceito mais poderoso de evolução. Mesmo os evolucionistas não se recusavam a pensar a difusão: Morgan, por exemplo, no seu trabalho sobre terminologia de parentesco, mostrou que a difusão ocorria entre povos geograficamente dispersos. Tylor, por outro lado, foi influenciado por Ratzel, e tanto Morgan como Tylor discutiam a difusão. Tylor falava de culturas que tinham conjuntos de certos elementos (os complexos culturais dos antropólogos americanos, que veremos a seguir) e era um evolucionista que acreditava que a difusão estava envolvida no processo de evolução cultural da humanidade. Para ele "a" cultura provavelmente se originou independentemente mais de uma vez, devido à similaridade psíquica do homem ao redor do mundo, mas desenvolvimentos históricos envolveram inúmeros exemplos de difusão cultural, ou herança de uma tradição comum.

Em certas correntes difusionistas percebe-se uma ligação com a teoria religiosa do surgimento do homem: uma espécie de declínio de uma condição adâmica original. Vimos como essa ideia foi fundamental na primeira metade do século XIX, ao menos na Grã-Bretanha, para formar a Etnologia de Prichard e seu cristianismo implícito nas subordinações às narrativas bíblicas e à ideia de decadência. O revivalismo das ideias de decadência apareceu mais na Alemanha, provenientes, não por acaso, de intelectuais clérigos, de certa forma, se reavendo com a tradição bíblica. O contexto histórico levou também a um difusionismo extremo e um interesse reavivado pelo Egito como fonte de tudo o que se vê em todas as civilizações.

Os difusionistas tinham alguns pressupostos compartilhados: acreditavam na existência de centros culturais; admitiam que os traços culturais se movem dos centros para várias direções e que aqueles traços mais geograficamente espalhados deviam ser os mais antigos, ou seja, quanto mais espalhado, mais distante no tempo está a origem. E alguns problemas eram também enfrentados por todos: a constatação de áreas semelhantes e não contíguas, ou seja, de que precisavam de respostas para as similaridades não geograficamente contíguas; o fato de os centros e fronteiras mudarem ao longo do tempo, dificultando a ideia de um mapeamento simples de "centros" e suas periferias; a existência de muitos casos de culturas muito diferentes que podem estar na mesma área, ilustrando processos de não difusionismo; além disso, havia o problema de mapeamento do traço cultural, pois mesmo que se mapeie o movimento de um traço, não se sabe a origem; e por fim, a constatação de que a receptividade a qualquer traço é independente da distância, já que vizinhos podem não aceitar algo que pessoas distantes aceitam.

O DIFUSIONISMO EM SEUS CENTROS

O difusionismo teve seu auge entre o final da década de 1890 e começo de década de 1920, numa janela muito curta, logo abortada na Grã-Bretanha pelo avanço dos funcionalistas, tendo Malinowski como o maior responsável pela recusa tanto do evolucionismo como do difusionismo. Na Alemanha, toda a Antropologia foi amplamente impactada pela ascensão do partido nazista, desorganizando gradualmente a herança relativista de Bastian e reforçando perspectivas mais racialistas e francamente eugenistas. Nos EUA, a história é diferente, sendo o lugar onde o difusionismo mais teve frutos, numa das vertentes do boasismo (os herdeiros de Franz Boas), aquela apoiada nos conceitos das "áreas culturais".

No final do século XIX, na Alemanha, temos o conjunto formado pelos autores Ratzel, **Fritz Graebner** e **Leo Frobenius** e suas ideias de "círculos culturais" e a difusão em si, seja pela migração ou imitação e difusão de costumes. Na Grã-Bretanha, Rivers se destaca como crítico do evolucionismo e convertido ao difusionismo, sem a perspectiva especulativa universal, essa que derivaria dos trabalhos de Grafton E. Smith e William J. Perry, que especulariam a partir de modelos gerais de difusão. Stocking (1987) diz que ambos eram alunos de Rivers, ao passo que Alan Barnard (2000) diz que são colegas, já **Harris** (2001) e Kuklick (2009) afirmam que apenas Perry foi aluno de Rivers.

Nos EUA, a influência de Boas traz a perspectiva alemã e o seu historicismo para a cena principal. Aparece em seus textos a tensão entre difusão de "traços" e de sistemas complexos (culturas), um problema central devido às suas inclinações para um relativismo derivado de Bastian e, ao mesmo, tempo, à influência do difusionismo alemão que tinha seu ápice justamente no momento em que Boas se estabelece como figura central na Antropologia americana. Como herança do difusionismo boasiano, temos a ideia de área cultural (uma versão dos círculos culturais alemães). Os autores que se destacam são, principalmente, **Robert Lowie**, **Edward Sapir** e **Alfred L. Kroeber**. Há também **Clark Wissler** e **Otis Mason** como precursores.

Alemanha

Bastian, um médico, foi treinado como etnógrafo sob a influência dos irmãos **Wilhelm** e Alexander von Humboldt, o linguista e o geógrafo que revolucionaram o pensamento humanista e social na Alemanha na primeira metade do XVIII. Ele continuou a pesquisar a *volkskultur* (cultura do povo) que inspirou Herder e claramente criticava os esquemas evolucionistas simplistas. Acreditava que todas as culturas tinham origens comuns, da qual elas se ramificaram em direções diferentes. Para Eriksen e Nielsen, ele estava muito preocupado com as conexões históricas com as culturas e antecipou o desenvolvimento do difusionismo na Antropologia alemã. É muito pelo papel de Bastian que o relativismo entra na Antropologia. Mas Rivers (1991: 157) considerava Bastian um erudito familiarizado com o evolucionismo e afirmava que a escola difusionista (chamada por Boas de "movimento geográfico") se colocou contra a ideia de evolução (Boas 2004: 47). Rivers também considerava Bastian como um defensor da unidade psíquica humana, com a sua teoria do *elementargedanken* (ideias elementares), na qual a questão era a descoberta dessas ideias elementares e depois sua modificação sob a influência do ambiente geográfico. Bastian, a partir de sua posição no Museu de Berlim, se tornou o mais importante etnólogo na Europa Central. Viajou por cerca de 20 anos, em expedições variadas

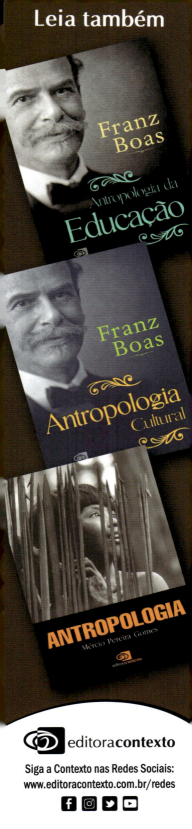

de conhecimento e coleta de materiais para o Museu. Sua Etnologia era influenciada por questões de método e menos por teorias gerais. Não falava em hierarquias ou progresso, se opunha a confundir categorias de raça, nação e povo e sempre se colocou contra uma conexão entre faculdades mentais e raça.

Bastian era contra o evolucionismo darwinista e tomou posições políticas contra ele e sua possível associação com a democracia social. Para ele, a unidade física do homem poderia ser estabelecida, mas seria preciso localizar a unidade física do pensamento social que sustenta os elementos básicos do corpo social e era preciso identificar as mencionadas ideias elementares, que davam unidade ao pensamento do homem, e eram separadas das ideias únicas, constituídas historicamente pelos povos (*volkergedanken*). Estas retratam a interação dos povos com os ambientes, bem como os contatos entre grupos distintos. Ele divide, portanto, a oposição entre evolucionistas (unidade psíquica do homem) e difusionistas (difusão), em duas etapas de pensamento humano: as ideias universais existem e são moduladas e adaptadas ao ambiente e ao movimento dos povos, numa influência da Geografia. Mas no fim, esteve sempre mais preocupado com as diferenças entre as populações do que com as semelhanças (algo que seria importante na Antropologia americana). Mas admitia que analisar as sociedades mais simples revelaria ideias seminais a partir das quais cada civilização cresceu, antecipando um argumento durkheimiano sobre as categorias fundamentais do conhecimento humano. Bastian antecipou algumas questões do difusionismo, marcando sua influência em Boas, antecipando também questões do estruturalismo francês. A ideia de relativismo cultural se desenvolve num antievolucionismo, mas esse relativismo antievolucionista se desenvolve nos EUA, e não no Reino Unido ou na França, no século XIX.

Outro autor, mencionado por Boas, é **Georg Gerland** que, contemporâneo de Bastian, acreditava também na ênfase geográfica e na influência do meio sobre as formas da cultura. Mas no lugar da mística de Bastian, ele supunha que os elementos comuns em muitas regiões seriam uma herança partilhada de um estágio antigo do desenvolvimento cultural. Nos dois sistemas, a ênfase "recai sobre as causas que provocam modificações nos traços fundamentais e idênticos" (Boas, 2004b: 47). Os alemães seguiram Bastian e os linguistas comparativos: um programa de estudo da pré-história humana foi estabelecido, de forma a espelhar a difusão das linguagens. Era o difusionismo, preocupado com a disseminação dos traços culturais.

Ratzel desenvolveu a ideia de difusão e migração: criou critérios pelos quais as características formais e não formais dos objetos poderiam ser comparadas, porque seria muito improvável que essas características fossem inventadas simultaneamente. Não acreditava em invenção independente e, portanto, a semelhança entre traços culturais tinha que ser atribuída a contatos e investigou como os complexos culturais se espalhavam pela migração. Influenciou Boas desde cedo, embora esse tenha sido aluno de Bastian. Tinha grande interesse na história cultural. Para Rivers (1991: 158), as semelhanças que Ratzel encontrou entre diversas sociedades só poderiam ser explicadas pela transmissão direta de um povo a outro. Boas também afirma o mesmo de Ratzel: "tendia decididamente à opinião de que toda identidade dos traços culturais deve ser explicada pela transmissão, não importa quão distante sejam as regiões em que se encontrem" (Boas, 2004b: 50).

Ratzel foi influenciado por **Carl Ritter** (ver Alves e Neto, 2009), que era contemporâneo de A. von Humboldt, emprestando deste o conceito de "unidade orgânica". Ritter se preocupava com a situação ambiental e com a Geografia, conectando natureza e história humana, instigando até um certo determinismo geográfico. As ideias de Ritter foram desenvolvidas por Ratzel, que passou a estudar a Geografia na perspectiva ritteriana. A esse estudo ele deu o nome de Antropogeografia, uma disciplina essencialmente histórica. Uma história conectada às formações geográficas, à ocupação humana de determinados espaços e seus padrões de ocupação. Ao final, a Geografia era equivalente à soma da movimentação dos homens pelos territórios. A movimentação passava a explicar o desenvolvimento humano, como vimos no capítulo "Evolucionismo: perspectivas e considerações".

Ele estabeleceu o critério da forma: a semelhança em objetos de museus deveria ser explicada por uma simples origem, com a subsequente difusão, sem importar a distância geográfica. Os possíveis mecanismos de difusão eram: 1) Estados fortes que enfraqueceriam os vizinhos, espalhando-se naturalmente pelo território dos outros e 2) áreas de cultura se formam quando vários fatores naturais, culturais e históricos resultavam em certas formas de cultura. Sediado no museu de Leipzig, Ratzel estava preocupado principalmente com a migração. As similaridades nos indicariam padrões de difusão, padrão esse que seria em si uma história geral da cultura. Marvin Harris considera que Ratzel, no fim das contas, estava muito próximo de Tylor, que também se preocupava com processos de difusão.

Leo Frobenius e Graebner criaram o conceito de "círculos de cultura" (*kulturkreise*). Frobenius foi discípulo de Ratzel e expandiu tal conceito, estimulando Graebner a escrever sobre círculos de cultura na Oceania,[10] perspectiva que depois expandiria para uma teoria do mundo todo. O conceito propunha que um conjunto de traços de cultura funcionalmente relacionados, específicos de um tempo histórico ou área geográfica difundiam-se para fora de uma região onde tinham se desenvolvido. O critério era de quantidade: quanto mais semelhanças arbitrárias entre dois grupos, mais a difusão era a explicação para elas. Frobenius tinha pressuposições baseadas no período romântico e na ideia de *volksgeist*, imaginava que largas "visões de mundo" levariam a certas configurações culturais.

Ele imaginava, por exemplo, que havia duas "visões de mundo básicas" na África: a visão de mundo etíope (no Egito, leste, oeste e África Central, marcada pelo pastoreio, cultivo, cultos a ancestrais patrilineares, cultos da terra etc.) e a visão de mundo hamítica (norte da África, chifre da África e sul da África, marcada pelo pastoreio, caça, matrilinearidade, evitação da morte, feitiçaria etc.). Frobenius imaginava que essas visões de mundo e seus conjuntos de traços culturais se espalharam pela África. Assim, ondas de difusão cultural sobrepostas formaram áreas de cultura únicas. O resultado foi que diferentes áreas tiveram complexas camadas de cultura nos processos de difusão. O pesquisador deveria ser uma espécie de arqueólogo da cultura para separar as camadas e as analisar. Isso tudo foi duramente criticado por **Marcel Mauss** nos seus *Ensaios de Sociologia* (1999).

Fritz Graebner foi outro líder difusionista que apoiou a escola dos círculos culturais. Estava interessado no desenvolvimento cultural no mundo inteiro. Essas ideias podem ser traçadas a partir do trabalho de Friedrich Ratzel, fundador da Antropogeografia. Ele usava métodos quantitativos e técnicas qualitativas, analisava a cultura material, comparando forma e quantidade. Outro pesquisador foi o padre **Wilhelm Schmidt**, católico que estudou as religiões e aplicou a ideia de círculos de cultura numa escala mundial. Embora Graebner e Schmidt acreditassem que todos os traços culturais se difundiram de um limitado número de círculos culturais, a lista dos círculos do padre era a mais popular. Ele combinava evolucionismo e difusão. Os teóricos alemães acreditavam que os traços culturais se difundiram não como elementos isolados, mas com um todo cultural complexo, basicamente devido à migração de indivíduos de uma cultura para outra.

A cultura também migra, se desenvolve, sendo preciso mapear *clusters* de traços culturais. Frobenius e Graebner atacavam o conceito de "ideias elementares" de Bastian, defendendo apenas o segundo lado da sua equação (as ideias propriamente difusionistas). Houve várias vertentes do difusionismo, mas em geral eram todas críticas de Bastian. Se esse defendia um empirismo cuidadoso, e uma política contrária à hierarquia de raças, os difusionistas alemães classificavam ao longo de linhas hierarquizantes, narrativas generalizantes e especulativas e estavam mais próximos do nacionalismo e do império que os relativistas do final do século XIX. Suas narrativas passaram a ser facilmente usadas pelo nacionalismo radical que surgiu na primeira metade do século XX na Alemanha.

O padre Schmidt, por exemplo, pensava a história da humanidade em quatro grandes círculos culturais (ou quatro fases), cada uma delas com vários círculos regionais. O primeiro seria o primitivo, no qual estariam os círculos: a) central ou exógamo (pigmeus); b) ártico, marcado pela exogamia com igualdade sexual (algonquinos, samoyedos, esquinales); c) antártico, marcado pela exogamia com totem de sexos (australianos, bosquímanos, tasmanianos). Depois teríamos o grande círculo primário, com os círculos: a) nômades com gado, destacadamente patriarcais; b) caçadores superiores, com exogamia patrilinear e totemismo; c) horticultores sedentários, exógamos e matrilineares. No grande círculo secundário, temos: a) sistemas patrilineares livres (Polinésia, Sudão, Índia etc.) e b) sistemas matrilineares livres (China, Indonésia, Melanésia, nordeste da América do Sul etc.). Por fim, no grande círculo terciário, temos as "altas" civilizações da Ásia, Europa e América.

Como se vê, e o afirma Marvin Harris: a sucessão de graus é similar aos estágios evolucionistas. Schmidt deriva seus círculos dos modelos de Morgan, embora não os disponha numa ordem estritamente evolucionista. Os círculos coexistem e são linhas separadas de evolução a partir do estágio primitivo. Lowie acusaria Schmidt de usar um esquema evolucionista, entretanto. Harris aponta que tanto Schmidt quanto Graebner compartilhavam com os evolucionistas o método comparativo: buscar nos povos atuais um conhecimento das origens do homem e suas culturas. Os círculos aparecem, assim, como estratos. Schmidt propunha também uma reconciliação com o dogma religioso, defendendo o degeneracionismo em alguns aspectos, principalmente na esfera religiosa.

Inglaterra

A teoria difusionista na Grã-Bretanha não foi tão abrangente e forte como na Alemanha. Desenvolveu-se como uma contraposição ao evolucionismo simplista. A oposição a uma Antropologia colonial foi levada adiante por aqueles que não estavam nas principais posições de poder acadêmico. Esses professores foram tratados como se tivessem ido pelo caminho errado, adentrando "campos da ignomia" (Joan Vincent, 1994: 121). Houve uma grande dissensão entre os funcionalistas e difusionistas e a resolução dessa briga moldou o futuro da Antropologia inglesa num caminho muito estreito. Foi uma briga entre uma Etnologia historicamente orientada e uma Sociologia voltada para os sistemas sociais.

G. Elliot Smith foi o difusionista mais radical: decretou que o Egito era a fonte de toda a alta cultura. Quando ele publicou seu principal livro em 1911, incendiou-se a polêmica com os futuros funcionalistas, que passaram a ridicularizar seu trabalho como "escola heliocêntrica". Nesse rastro, o esforço difusionista foi simplesmente condenado por seus excessos especulativos. Smith baseou sua ideia nas seguintes pressuposições: o homem era não inventivo e qualquer invenção raramente emergia de modo independente, só em certas circunstâncias e tais existiram apenas no antigo Egito, que era o lugar a partir do qual a cultura se espalhou com o advento da navegação. A história humana era cheia de decadência e com o seu espalhamento essa civilização era naturalmente diluída enquanto se irradiava. Ao desafiar os argumentos dos evolucionistas e dos antropólogos-sociólogos, Smith defendia que a civilização surgiu em circunstâncias históricas, retomando o degeneracionismo de Prichard. Nem o evolucionismo nem o preceito da unidade psíquica da humanidade podiam dar conta de quando e onde ela tinha surgido. A difusão não era apenas um conceito abstrato, mas com a migração a que estava associada, era um processo histórico. Smith se juntou a W. J. Perry, que teorizou que todo o repertório cultural do mundo se difundiu a partir do Egito. Mas o desenvolvimento do funcionalismo britânico obscureceu o trabalho de ambos.

Tanto para Perry como para Smith havia, entre aqueles que chamavam de "homens naturais", os nunca tocados pelo desenvolvimento egípcio, também degenerados, caídos em processos de decadência, como os povos da Mesoamérica. Os difusionistas extremos contavam uma história de difusão a partir do Egito que se assemelhava às etapas evolucionistas: acreditavam que o fundamento de tudo era um medo universal da morte, que deu origem à religião; que a partir daí se criaram técnicas de mumificação, depois agricultura, depois o uso de metais para uso pacífico e militar, seguidos pela construção de monólitos de pedra, pela consolidação do Império egípcio e a consequente estratificação social.

Alfred Haddon, por exemplo, não concordava que as práticas de mumificação dos nativos do estreito de Torres seriam egípcias. Poucos alunos de Elliot Smith deram seguimento a uma carreira acadêmica, e suas teses morreram rapidamente. Mas o difusionismo era levado a sério nos anos 1920. O difusionismo de Rivers, por exemplo, se parecia muito com a variante boasiana, mas sua morte prematura aos 57 anos, em 1922, interrompeu um processo de afirmação acadêmica que certamente faria sua perspectiva resistir mais aos ataques funcionais-estruturalistas.

Os difusionistas "moderados", como Rivers, **Hocart** e **Wheeler**, eram distintos dos hiperdifusionistas, mas o movimento como um todo foi condenado por gerações subsequentes de antropólogos. No centro da luta estava o objeto da Antropologia, então em processo de definição: era para este ser o estudo insular de pequenas sociedades ou era para ser o estudo de aspectos globais da preocupação humana, como a difusão dos povos e a emergência de culturas misturadas? Rivers já demonstrava seu descontentamento com seus estudantes que tratavam como simples sociedades que lhe pareciam o resultado complexo de contatos históricos e de mistura de povos.

Rivers foi o primeiro difusionista na Inglaterra: falou contra o evolucionismo a partir de pesquisas baseadas na Melanésia. Ele tentava explicar os contrastes entre a Melanésia e a Polinésia pela difusão de complexos de traços culturais, que supostamente haviam se espalhado por sucessivas ondas de migração. Foi através do estudo combinado das formas sociais e da língua que percebeu a mudança, que não era uma evolução espontânea, mas uma evolução histórica, pela mistura de povos. Defendia, portanto, que a análise da cultura (histórica) deveria preceder as especulações sobre a evolução das instituições.

Para Haddon, a variação cultural dentro de uma área geográfica era evidência de uma série de migrações por povos diferentes, identificando rotas de migração em compasso com linhas geográficas. **C. G. Seligman** aventou a hipótese hamítica, sugerindo conexões entre o Egito antigo e a África negra. Mesmo Malinowski tinha especulações difusionistas sobre a cultura trobriandesa, embora nunca as tenha publicado. Haddon e Seligman não se identificavam como difusionistas, mas Rivers sim. Ele propôs um modelo parecido com o de Haddon: um modelo difusionista explicaria a variação dentro de uma área específica. Se, por exemplo, povos australianos vivendo próximos e em ambientes similares estavam em estágios diferentes de desenvolvimento, isso derivava de migrações de distintas populações.

Rivers destacava o aspecto psicológico do contato cultural: desde a perda de um desejo de viver por conta do desenvolvimento alheio até a vontade de adoção de uma nova religião. Mas o difusionismo de Rivers era nuançado: mesmo num conjunto de migrantes responsável pela variação cultural numa área geográfica limitada havia diferenças no nível micro. Havia processos de adoção distinta de traços culturais para os adaptar a formas distintas de vida. Rivers buscava explicar os contrastes entre as culturas melanésias e polinésias em termos de complexos originais que se difundiram em sucessivas ondas de migração. Na medida em que restringia seus estudos à Oceania, estava mais perto dos boasianos que dos demais difusionistas ingleses.

Na consideração do processo de difusão, os teóricos tendiam a afirmar que os processos de espalhamento de traços culturais não eram homogêneos. Rivers afirmava que tecnologia ou estilos de arte, por exemplo, poderiam se difundir muito mais rapidamente, mas que a estrutura de uma sociedade é muito menos facilmente transformada pela difusão. É, portanto, sobre a mudança da estrutura social que deve se basear a análise da difusão da cultura. Há a manutenção de estruturas mesmo com a difusão de técnicas, tecnologias e até de sistemas econômicos. Por exemplo, ao tratar do sistema de parentesco havaiano, afirmou: "[O] sistema de parentesco ainda está em uso inalterado [...] obtendo a evidência que o sistema está ainda profundamente entrelaçado com a mais íntima vida mental do povo" (Rivers, 1991: 171).

Mas podemos dizer que o caminho apontado pelo trabalho de intelectuais como Rivers, Seligman e Haddon, semelhantes aos estudos de área americanos de décadas seguintes, foi limitado pelo desenvolvimento da perspectiva funcional-estruturalista (uma Antropologia mais sociológica, influenciada pelo trabalho de Durkheim e menos dada a comparações regionais).

EUA

Nos EUA, os estudos sobre difusão resultaram numa versão mais elaborada, conhecida como "estudos de área cultural". A pesquisa etnológica conduzida entre tribos nativas americanas, mesmo que influenciadas pelo difusionismo, trataram o estudo dos traços culturais de maneira mais holística: o conceito de difusão continuava com algum valor, mas com um lugar secundário na interpretação da mudança cultural. A ideia da difusão era mais plausível para alguns, que trataram de separar difusão de inovação, esta muito mais rara que aquela.

A ênfase na difusão deriva das preocupações de Boas com os processos históricos numa determinada região geográfica, numa postura muito próxima à de Rivers, como vimos anteriormente. Essa preocupação com o detalhe histórico se deve à influência de Bastian em seu trabalho. Por outro lado, a definição lenta de um conceito de cultura organizador da realidade, uma espécie de lente para ver o mundo (numa de suas metáforas), colocou freios a um difusionismo exagerado, como ocorrera na Inglaterra. Num ambiente onde se imaginam culturas integradas e em equilíbrio, é difícil imaginar como a difusão pode se dar facilmente. Afinal, essa poderia até ameaçar a vida da própria cultura. De certa forma, uma percepção forte de cultura é um limitador do valor de explicação da difusão. Não é por menos que versões variadas da difusão pensariam em níveis distintos, sendo que algumas coisas, cruciais a uma cultura, dificilmente seriam mudadas.

Boas, embora acreditasse na invenção independente (que poderia ocorrer em lugares distintos ao mesmo tempo), enfatizava que os traços culturais deveriam ser vistos não como casuais, mas em termos de um processo histórico relativamente único, que procedia de uma primeira introdução do traço até sua origem se tornar obscura. Ele pretendia entender os traços culturais em termos de processos históricos, difusão e modificação, acreditava que o inventário cultural de um povo era basicamente o resultado da difusão. Mas era contra os esquemas teóricos especulativos gerais, sejam evolucionistas ou difusionistas, por acreditar justamente na especificidade dos processos históricos, que impediriam uma generalização.

Considerava, portanto, *simultaneamente* tanto a difusão como a invenção independente. Foi influenciado por Ratzel e acreditava que traços culturais poderiam ser "quebrados" e que partes de traços poderiam ser passadas separadamente. Por outro lado, defendia que traços são sempre reinterpretados localmente e o novo costume ou artefato serve a uma cultura única já em lugar. Com a difusão, não se pode predizer que traço vai ser aceito pela sociedade que o recebe. Ainda assim, há que se levar em conta como os indivíduos também influenciam a mudança (ou a falta dela).

Boas afirmava, para se distinguir de difusionistas clássicos e evolucionistas, que a controvérsia entre ambos só poderia ser resolvida por investigações históricas detalhadas. Defendia o método histórico e a ideia de *kultur* e de especificidade, de origem também alemã (Herder). Evitava os modelos especulativos tanto evolucionistas como os difusionistas (como os de Frobenius ou Schmidt), apoiado na ideia de excepcionalidade e especificidade dos processos históricos. Mas isso não quer dizer que Boas desconsiderasse a ideia de transmissão de traços culturais: essa era uma parte significativa de suas preocupações, tanto em termos linguísticos como culturais. O estudo sobre os esquimós demonstra essa preocupação: "é extraordinário que algumas dessas palavras (mágicas esquimós) sejam encontradas na língua de tribos do Alasca. Isso mostra que, em tempos antigos, existiu uma conexão próxima entre os esquimós do nordeste da América e os habitantes do Alasca" (Boas, 2004: 79).

O contato já estava na agenda da Antropologia cultural norte-americana nos EUA, no esquema da aculturação, cuja teoria desafiava a tradição evolucionista porque a difusão do capital pelo globo, no caso da situação colonial, demonstrava claramente que selvagens poderiam se tornar "civilizados" sem a passagem de milhares de anos. Kroeber e **Kluckhohn** (1952) argumentavam que a aculturação compreendia aquelas mudanças numa cultura trazidas por outra e que resultaria numa crescente similaridade entre as duas. Esse tipo de mudança pode ser recíproco, mas também pode resultar de processos assimétricos e levar à absorção de uma cultura pela outra. Os autores acreditavam que a aculturação seria gradual, mais que abrupta, ligando os processos de difusão aos de aculturação ao considerarem que a difusão contribui para a aculturação e que esta necessariamente envolve a difusão. Separavam os dois processos, entretanto, dizendo que a difusão é um problema do que acontece com elementos das culturas, enquanto a aculturação é um processo sobre o que acontece com toda a cultura.

Aculturação, portanto, é um processo de sistemática mudança cultural de uma sociedade particular levada a cabo pelo contato. Essa mudança pode ocorrer sob o signo da força, da troca ou mesmo da guerra. O processo pode levar à assimilação: mas a assimilação completa não é uma lei inescapável, pois sistemas de valor de uma sociedade podem se manter mesmo em relações desiguais de poder. Os estudos de aculturação e assimilação, por exemplo, foram feitos entre os imigrantes europeus nos Estados Unidos, bem como entre outras minorias.

Em 1895, Otis T. Mason definiu um conceito simples, com o qual as entidades tribais foram agrupadas num mapa etnográfico e relacionados a aspectos geográficos do ambiente. Ele elencava 18 áreas culturais para toda a América: ártico, atapasco, algonguino, iroquês, niskhogee, lhanuras de oeste, costa norte do pacífico, Cuenca de Colúmbia, Cuenca interior, Califórnia-Oregon, Pueblo, Mesoamérica, Andes, vertente atlântica dos Andes (no Brasil), centro do Brasil, Argentina-Patagônia e Fueguino. Em 1899, alterou a lista, que passou a contar com os seguintes povos: do ártico, canadense, Louisiana ou golfo, lhanuras, sudeste, Alasca, Colúmbia, Cuenca interior, Califórnia, Pueblo, Mesoamérica, Antilhas, cordilheira, alto Amazonas, Matogrosso, Argentina-Patagônia e Fueguino. Essas classificações foram base para as exposições organizadas por Clark Wissler no Museu de História Natural de Nova York, assim como de Kroeber. O conceito é uma forma simples e tem utilidade num mapa que agrupe as entidades tribais em relação com alguns aspectos geográficos, ou seja, tratava-se de um instrumento heurístico para classificar e representar cartograficamente os grupos tribais da América. As exposições de museus ajudaram com seus métodos geográficos.

Segundo **M. J. Herskovits** (1963), "traço" é a menor unidade identificável numa cultura, e combina-se com outros traços, formando um complexo cultural (um conjunto de traços interligados). Esse autor atribui a Wissler a paternidade dessa perspectiva. Havia a ideia que descrever uma sociedade era elencar todos os traços culturais existentes, o que pareceu já naquele momento algo inviável. Deve-se tomar a ideia de traço com cautela, segundo Herskovits, pois a definição de uma unidade mínima é muito relativa: a definição de um lugar para comer como um traço cultural pode incluir mesa e suas cadeiras, mas a cadeira poderia ser ela própria um traço cultural autônomo? E a mesa de jantar seria um traço em si, ou seria parte da ideia de sala de jantar (esse o traço autêntico)? Não há resposta e tudo depende dos interesses e das perspectivas do pesquisador.

Os complexos culturais seriam uma alternativa à fragmentação imposta pelos traços culturais, pois formariam sistemas mais facilmente e legitimamente comparáveis. É uma tentativa de dar conta da tensão entre integração que a perspectiva cultural americana considera com atenção e a evidente desintegração que uma análise da dispersão dos traços pode oferecer. Em 1939, Kroeber utilizou o conceito no seu *Cultural and Natural Areas of Native North America* (1939). A escola americana do difusionismo se baseou na Etnografia dos indígenas norte-americanos, em pesquisas que envolviam o mapeamento e a classificação de várias tribos indígenas, procurando entender como os traços culturais foram arranjados geograficamente num aspecto delineado do ambiente, num paralelo aos círculos culturais alemães.

Kroeber, o primeiro dos muitos alunos de Boas, investiu na busca por traços culturais nas suas matrizes culturais particulares, buscando padrões para organizá-los. Iniciou o estudo sobre áreas de cultura buscando as regiões etnograficamente significativas da América do Norte. Seguiu para pensar o desenvolvimento das culturas e os ciclos de crescimento e, eventualmente, de estilos culturais. Buscava grandes sínteses, rebelando-se contra o rigor antigeneralizador de Boas. Procurava um entendimento compreensivo da distribuição de elementos culturais, mas ainda numa chave boasiana, aquela da compreensão da realidade cultural como fato dominante para explicar a recepção e transmissão de traços culturais.

Outro aluno de Boas, Sapir, usou de métodos filológicos para o estudo das línguas indígenas americanas, entrelaçando a explicação da difusão às línguas, como antes o fizera Max Müller na Inglaterra e os filólogos alemães. Wissler, que fora assistente de Boas no Museu de História Natural (NY), também desenvolveu reflexões difusionistas, a partir da ideia de "centro cultural". Para ele, esse centro era algo a partir do qual um agregado de traços se difundia para a periferia. Deriva daí uma lei de difusão, do movimento dos traços do centro para a periferia, da qual se pode deduzir a idade de área a partir da difusão de determinados traços em relação ao centro: quanto mais espalhados e distantes, mais antigos são os traços. Por influência de Kroeber, tentou-se, nos anos 1920, definir áreas culturais em termos de listas completas de traços culturais, usadas para estabelecer coeficientes de similaridades. Essa experiência foi sempre incompleta: afinal, com quantos traços culturais se faz uma cultura?

A teoria difusionista foi lentamente substituída pelos estudos de aculturação, padrões de cultura e cultura e personalidade. Boas defendia que a mudança causada pelo contato não podia se dar pela adição ou subtração de traços culturais, mas por transformações maiores de comportamento, valores etc. Alguns riscos ficaram evidentes: caso se dê atenção demais ao substrato geográfico, fica-se limitado a uma forma de determinismo cultural. Por outro lado, como a mera contiguidade pode explicar as semelhanças? **Julian Steward** levantou outras críticas interessantes: 1) o centro e a periferia mudam com o passar do tempo; 2) a cultura dentro da área pode mudar de forma a se assemelhar a outras culturas em diferentes áreas e momentos e 3) pode haver culturas que compartilhem traços, numa área cultural, mas que sejam completamente diferentes.

O difusionismo em solo americano foi se transformando nos estudos de áreas culturais em suas várias configurações, mais como um dado relativo à movimentação de características culturais de um lugar a outro do que como uma teoria explicativa em si das transformações das sociedades: predominou nos EUA a perspectiva boasiana de uma cultura integrada (ao menos até a primeira metade do século XX) que não se adaptava bem ao livre difusionismo dos alemães do final do século XIX. Entretanto a ideia de que o contato altera as sociedades foi e continua sendo fundamental para o pensamento antropológico.

CONCLUSÕES

Os boasianos, de forma geral, foram críticos do difusionismo extremo alemão e inglês, mas menos hostis às ideias dos círculos culturais. O difusionismo teve uma influência difusa na história da Antropologia, nos procedimentos relativos às áreas de comparação. Essa forma de raciocínio operou tanto para funcionalistas como para estruturalistas, focados sempre em áreas de comparação e especialização.

Se o difusionismo morreu como "escola", movimento ou similar, não o fez como método, basicamente porque era historiográfico, tentando estabelecer conexões causais relacionadas à movimentação de gente. Sobreviveu longamente na Antropologia americana, depois reintroduzido (como história) no funcional-estruturalismo por **Evans-Prichard**. Enfim, depois os estudos de "mudança social" (Manchester) incorporariam definitivamente a perspectiva.

A Antropologia dos anos 1970 resgatou alguns desses autores (Rivers e Kroeber), por estarem interessados em coisas para além da unidade tribal. Durante a primeira guerra mundial, o difusionismo estava sendo desafiado pela escola funcionalista que emergia neste contexto. Eles defendiam que a presença de um traço cultural de uma sociedade em outra não dizia nada, uma vez que podiam ter funções diferentes. Nos anos 1920, Boas e outros, como Lowie e **Linton**, argumentavam que a mudança cultural era influenciada por muitas fontes diferentes, e eram contra uma grande reconstrução especulativa da história da humanidade, como a dos evolucionistas e difusionistas.

Nos EUA, se tivessem prestado mais atenção a Rivers, talvez a contenda entre Sahlins e **Eric Wolf** sobre o sistema mundial tivesse sido lida de outra forma. Os dois falam de processos de difusão, só que os de Sahlins estão na ponta menos transformadora desses encontros/confrontos. Rivers estabelecia níveis de "transformação" que iam desde a incorporação de hábitos de outros povos apenas num nível superficial – o que não causava mudanças estruturais – até a completa fusão a outra cultura. Os fenômenos analisados por Wolf estão na outra ponta, a mais transformadora, quando o capitalismo vence as resistências pela violência. Claro que a própria noção de história ganhou outros níveis com o trabalho de Sahlins, mas, no fundo, falamos de como os povos reagem a outros.

E se Lévi-Strauss tivesse escrito as mitológicas no começo de século XX, seria visto, sem dúvida, como difusionista. O maior de todos os antropólogos ousava dizer que o pensamento ameríndio era um só através das Américas. Pensar na unidade do pensamento americano é em si algo bastante difusionista. Não é por menos que em seus livros Lévi-Strauss passa muito tempo localizando geograficamente as populações que têm seus mitos estudados. E as reflexões contemporâneas sobre o "pensamento amazônico"? As intenções, motivos e enquadramentos são outros, ainda que reste algo dessa herança historiográfica dos difusionistas, mesmo entre os estruturalistas e sucessores.

AULA 7

Boas e o conceito de cultura

Franz Boas foi a força individual mais importante na formação da Antropologia americana no começo do século XX. Stocking (2004), num texto dedicado ao autor, inicia sua análise pelo debate entre Boas, Otis Mason e Powell, a respeito da ocorrência de invenções similares em áreas separadas. A questão era, em sentido amplo, sobre causalidade e classificação. Mason defendia que a ocorrência de criações similares se devia a ideia evolucionista tradicional de "invenção independente". Ou seja, na cultura humana, causas semelhantes produziriam efeitos semelhantes. Assim, sob as mesmas condições, surgiriam as mesmas criações. Boas negava esse princípio: para ele há um problema lógico que derruba essa hipótese: o fato de que causas dessemelhantes produzem efeitos semelhantes.

Stocking sugere que grande parte da Antropologia de Boas tem relação com essa posição tomada no debate. Na questão da semelhança dos efeitos (mesmas condições) estava implícito o problema geral da classificação: Boas criticou várias vezes o que chamava de classificação prematura ou arbitrária (ou especulativa). O alvo do ataque era Mason e seu sistema de "famílias, gêneros e espécies de fenômenos etnológicos" (Stocking, 2004: 17). Boas contestava as classificações de Mason, que para ele tinham um prejulgamento da semelhança dos efeitos: para Boas não interessava uma definição conceitual, mas a distribuição real dos fenômenos empíricos. Evitava, portanto, as abstrações.

O artigo de Boas (2004b) sobre sons alternantes é um exemplo dessa posição: ali ele demonstra como o estabelecimento de categorias era condicionado pela experiência anterior e pelo ponto de vista do observador. O artigo demonstrava a arbitrariedade da classificação tradicional e a inadequação de classificações baseadas em analogias feitas a partir de similaridades aparentes. "A aparência exterior de dois fenômenos pode ser idêntica, mas suas qualidades imanentes podem ser completamente diferentes" (Boas apud Stocking, 2004: 18).

Por outro lado, Boas trazia consigo uma concepção da história na qual os processos históricos não se moviam com o mesmo passo: aspectos diferentes da vida humana eram afetados de diferentes modos por diferentes processos históricos ou evolutivos. Ou seja, para Boas, a semelhança e a classificação dos efeitos não eram o ponto de partida da investigação, mas uma meta a ser arduamente alcançada. A questão é mais histórica do que lógica. Para atingir qualquer classificação, era necessário atravessar as aparências, transcender o ponto de vista do observador e desemaranhar a complexidade dos processos que afetam a vida humana e assim chegar em categorias que não eram fundadas na mente do estudioso, mas derivadas dos próprios fenômenos.

Segue-se, então, a segunda questão no debate entre Boas e Mason: a relação dos elementos e dos conjuntos. Essa questão era intimamente ligada ao problema prático de arranjo de coleções etnográficas em museus. Otis Mason defendia um arranjo de amostras que agrupava artefatos de vários "níveis" de cultura, destinados a satisfazer necessidades humanas genéricas, cada um com sua própria sequência evolutiva (flechas, cestos etc.). Boas chamou isso de "abstrações rígidas" e opunha a isso um tratamento individualizado: interessava a ele o elemento no seu "meio ambiente" (e não descolado do conjunto de que fazia parte). Esse meio ambiente era não só o presente, mas o produto da história do povo, a influência das regiões, pelas migrações, pelos diversos contatos etc. Assim, o chocalho, por exemplo, não era apenas um meio de fazer barulho: poderia ter vários outros significados, poderia ser um instrumento mágico de cura.

A concepção de uma perspectiva preocupada com as leis gerais foi sempre limitada por esse historicismo rigoroso. Gradualmente, a confiança em esquemas gerais de explicação foi diminuindo e o conjunto de seu trabalho constituiu muitas descrições detalhadas de particularidades e menos tentativas de generalização. Autores como Matti Bunzl (1996) destacam a importância do trabalho dos irmãos Humboldt nessa configuração da Antropologia boasiana. O cientista natural Alexander von Humboldt influenciou Boas na sua ênfase na relação entre os humanos e o meio ambiente. O historicismo de Alexander von Humboldt marcou a formação de Boas, suas críticas ao positivismo e suas tentativas de abstração geral. As explicações possíveis seriam sempre de uma fonte indutiva. Quando Boas deixou de lado a Geografia pela Antropologia, ele incorporou a História e a Linguística no seu enquadramento teórico, nesse caso influenciado por Wilhelm von Humboldt, o humanista de grande influência em ambas.

O movimento era do conjunto para o elemento. Essa preocupação de Boas com os significados dos conjuntos culturais teve consequências importantes para a Antropologia americana. Trazia uma preocupação com a integração dos elementos numa cultura particular. Vemos, portanto, um mesmo contraste que vimos no capítulo "Difusionismo como alternativa": por um lado a cultura era simplesmente uma adição acidental de elementos individuais; por outro, a cultura era ao mesmo tempo uma totalidade espiritual integrada que, de alguma maneira, condicionava a forma de seus elementos.

Após 1900, Boas tornou-se mais interessado no modo como o "gênio de um povo" integrava os elementos do que com a acumulação quase acidental que os processos históricos reuniam numa cultura particular. Ou seja, sua faceta difusionista, influenciada pela "escola geográfica" de Ratzel passa a ter menos importância. "O interesse passa a se centrar nos processos pelos quais 'o gênio de um povo' atuava para adaptar os elementos tomados de empréstimo a um padrão tradicional" (Stocking, 2004: 21), revelando mais influência de Bastian e seu relativismo.

A questão do gênio do povo tinha suas raízes, evidentemente, em Herder. A ideia de caráter nacional de Wilhelm Humboldt tinha claras analogias com o "espírito do povo" de Herder, que era a essência psicológica compartilhada por todos os membros de um povo e, ao mesmo tempo, a força motriz de sua trajetória histórica. Essa essência encontrava sua expressão exclusiva nos produtos psicológicos de um povo, destacadamente na língua e mitologia, mas também religião e costumes. Mas o espírito do povo não era algo estático, mudava ao longo do processo histórico, o que se podia perceber principalmente pela alteração dos mitos ao longo do tempo.

Por outro lado, temos em Boas a questão das "explicações secundárias", ou seja, das racionalizações do comportamento cultural produzidas pelos próprios nativos, as quais poderiam ter pouca relação com sua origem real. Mas se as explicações secundárias eram arbitrárias em relação ao costume individual que elas explicavam, não eram arbitrárias em relação à cultura em geral. Dependiam do contexto cultural geral, bem como do alcance da especificidade dos conjuntos de ideias associadas entre si nesse contexto.

Ou seja, um dos níveis de integração dos elementos em conjuntos culturais era o nível consciente da explicação secundária. Mas a integração também ocorria num nível mais profundo, particularmente em relação à linguagem. Havia uma tendência geral para classificar os fenômenos, evidenciadas em todas as línguas (que classificavam termos de tempo e espaço). Stocking alega que na definição de cultura de Boas, encontramos vestígios do *Elementargedanken* de Bastian, que foi um dos que preconizou uma integração das duas correntes humboldtianas, estabelecendo um ponto de vista contrailuminista e essencialmente historicista.

Boas estudou em Heidelberg, Bonn e Kiel, obtendo doutorado nessa última universidade, com um trabalho sobre a cor da água, esboçando o problema da relação entre o mundo objetivo e o subjetivo. Para pensar sobre isso, Boas recebeu instrução de Geografia por meio de um aluno de Ritter. Quando passou um ano na Baffin Land (uma ilha canadense próxima ao círculo polar ártico) entre os esquimós, logo após o término da sua graduação, produziu trabalhos de caráter essencialmente antropogeográficos, pensado a influência da Geografia na organização da vida nativa, com atenção especial à difusão de traços culturais. Depois ele consideraria os resultados dessa monografia desapontadores, já que não encontrou uma relação direta entre Geografia e o espírito do povo, que era mais influenciado por eventos históricos do que pela Geografia em si.

Ao voltar de Baffin Land, Boas passou um período no museu de Berlim, sob orientação de Bastian, onde seu interesse pela Etnografia foi se consolidando. Frustrado com a perspectiva geográfica de Ratzel, decidiu focalizar seus estudos nas complexas inter-relações das sociedades indígenas da costa noroeste do Canadá. Embora ele tenha se qualificado como docente de Geografia na universidade de Berlim, renunciou à posição para ficar em Nova York, como editor de Geografia da revista *Science*. Devido ao clima político na Alemanha e ao antissemitismo crescente, decidiu se estabelecer em Nova York, onde também vivia sua futura esposa.

Exceto num nível psicológico muito geral, a tendência à categorização se expressava, para Boas, antes na diversidade que na uniformidade. E essas classificações diferentes se desenvolveriam inconscientemente como um reflexo histórico dos "principais interesses [culturais] de um povo" (Boas apud Stocking, 2004: 22). Implícita nessa discussão estava a noção de que a integração dos elementos em conjuntos era algo mais que um processo consciente de explicação secundária. Essa integração consciente era fundada num substrato em que as categorias subjacentes e as ideias dominantes da cultura (mesmo que essas sejam produtos históricos) existiam *a priori*.

Assim, afirmava Boas, as ideias dominantes "se desenvolvem no presente em cada indivíduo e em todo o povo de forma inteiramente subconsciente, e ainda assim são muito potentes na formação de nossas opiniões e ações" (Boas apud Stocking, 2004: 23). Era nesse nível inconsciente que os elementos culturais tinham a sua integração mais profunda no "gênio de um povo". Mas qual o caráter dessa integração de elementos para Boas? Era, por um lado, uma integração psicológica. Existia dentro do ator individual. O seu caráter obrigatório não era imposto de fora para dentro, mas baseado em categorias internalizadas inconscientemente nos processos de imitação e socialização e em explicações secundárias. Era também uma integração histórica: adições acidentais decorrentes dos contatos entre culturas.

Era, assim, um "tipo de integração dinâmica, móvel ou processual que, embora fundada num substrato de categorias e ideias dominantes, nunca era plenamente estável, mas sujeita a mudanças e pressões. Nesse contexto, era um tipo bastante frouxo de integração" (Stocking, 2004: 23).

> Para Boas, a integração dos conjuntos não era uma questão de relações necessárias ou lógicas entre os elementos. Sua especificidade era mais bem descrita não em termos de 'estrutura' ou "sistema", mas em termos de "significado", "tema", "foco" e "padrão". Em tudo isso, refletia sua origem na concepção romântica, bastante frouxa, do "gênio", ou Geist [espírito], de um povo. (Stocking, 2004: 24)

Outra questão implícita era a natureza da ciência em geral e da Antropologia como ciência. A orientação de Boas se explica pela sua posição entre duas tradições do pensamento alemão naquele período: o historicismo do idealismo romântico e o materialismo (Gillispie, 1960). O questionamento de princípios da Ciência Física, nos seus primeiros estudos, implicava reafirmar a legitimidade de uma abordagem muito diferente desses fenômenos (além da indutiva, preconizava uma abordagem histórica). Assim, só a verdadeira história de um fenômeno pode satisfazer a mente do investigador.

Boas também distinguia as ciências do homem das ciências da natureza física. Mas Stocking afirma que Boas era um homem das ciências da natureza e a reafirmação do método histórico não o levou a redefinir os pressupostos metafísicos da pesquisa histórica ou a afirmar sem reservas a divisão entre a ciência natural e a histórica. É nesse contexto que aparecem suas diferenças em relação a Mason no que tange a natureza da Antropologia como ciência.

Como os evolucionistas, Mason ainda tentava aplicar ao estudo dos fenômenos humanos os métodos e instrumentos da Ciência Biológica. Boas se opunha aos métodos dedutivos e analógicos, que a seu olhar iam contra o impulso da Biologia e da Física recentes, pois, para ele, esses métodos não levavam a estabelecer leis científicas, que existiam na natureza e eram externas à mente do observador. Não eram afirmações probabilísticas ou convencionais, mas reflexos de uma verdade eterna. Para descobrir essa verdade eterna, a abordagem deveria ser rigidamente indutiva: a história entrava na Ciência Antropológica como base necessária para derivar "as leis e a história do desenvolvimento da especificidade fisiológica e psicológica da humanidade" (Boas apud Stocking, 2004: 28).

Uma comparação das histórias de desenvolvimento poderia levar à descoberta de leis gerais do desenvolvimento humano. Portanto as leis culturais só poderiam ser estabelecidas pela história. Ao longo da vida de Boas, a busca da verdade eterna, entretanto, sucumbia cada vez mais ao ceticismo. Há uma tendência constante à dúvida sobre categorias válidas para comparar fenômenos culturais e um ceticismo crescente quanto à possibilidade de estabelecer leis significativas no terreno da cultura.

É preciso reforçar o papel formativo de Boas, tanto intelectualmente quanto institucionalmente. Mesmo não tendo ele mesmo desenvolvido uma teoria sistemática da cultura, sua crítica das pressuposições raciais e evolucionárias do século XIX permitiram a abertura do caminho para uma teoria da cultura propriamente antropológica. Esta seria desenvolvida principalmente por seus alunos. Mas a sua produção teve momentos diferentes e uma parte dela, principalmente antes de entrar na universidade com um emprego estável, ainda lidava com os fatos num enquadramento evolucionista. Diga-se que isso em parte se deve ao fato da sua disputa com Powell e Mason ter-lhe mostrado que estava do lado fraco da corda. Nesse sentido, procurou contemporizar a contenda, e desenvolveu trabalhos que não afrontavam os principais nomes estabelecidos, que controlavam o fluxo de recursos para pesquisa em Antropologia. Powell dirigia o Bureau de Etnologia em Washington, por exemplo. Mason era o curador do US National Museum. Apenas após assumir seu cargo na universidade de Columbia, Boas passou a exercer seu relativismo de forma mais intensa.

Stocking destaca a contribuição de Boas para a concepção inclusiva da Antropologia americana, ou seja, a combinação de Etnologia, Antropologia Social/Cultural, Linguística e Arqueologia. Boas tinha ligação (por Bastian e **Virchow**) com as duas tradições (cultural e física) da Antropologia alemã. Nessa orientação inclusiva, o ponto de vista científico de Boas (causalidade e a classificação, a natureza dos conjuntos e elementos, e a relação entre os métodos histórico e físico) foi aplicado com uma consistência significativa.

Sua atitude para a classificação manifestava-se na insistência em distinguir raça, língua e cultura como reflexos de três pontos de vista classificatórios e de três conjuntos muito diferentes de processos históricos. Em cada uma dessas três áreas, o principal impacto de seu trabalho foi crítico, e sua crítica pode ser vista como um ataque aos pressupostos tipológicos e classificatórios predominantes, fossem as "rígidas abstrações" das três raças europeias, as "rígidas abstrações" das línguas isolantes, aglutinantes e flexionais, ou as "rígidas abstrações" dos estados evolutivos da selvageria, barbárie e civilização.

Em cada área havia uma tentativa de mostrar que os critérios alegadamente diferenciais não marchavam com o mesmo passo, mas eram afetados de formas complexas por processos históricos interativos. Em cada área as suas críticas relativistas não podiam ser apreciadas de um ponto de vista eurocêntrico, a classificação era uma meta a ser alcançada e menos o ponto de partida e dependia de estudos anteriores do processo histórico que condicionavam a aparente semelhança no presente.

E como esses processos interativos operavam tanto no passado como no presente, nunca se podia supor que os primeiros estágios de qualquer fenômeno fossem necessariamente os mais simples. O viés era sempre para a complexidade. Nas três áreas, Boas se tornava cada vez mais cético quanto às possibilidades da reconstrução histórica, da classificação genética ou da derivação da lei científica. A Antropologia de Boas era, portanto, conscientemente conservadora, duvidava de analogias, opunha-se a deduções, suspeitava de hipóteses e teorias, recusava modelos de outras ciências (principalmente a biologia). Opunha-se, desta maneira, à teoria durkheimiana.

Stocking levanta a hipótese de que os discípulos de Boas tendem a partilhar os pressupostos subjacentes analisados até aqui e a Antropologia americana se desenvolveu segundo essas linhas implícitas. Em relação aos seus discípulos, vemos distintas fases temporais, classificadas em três blocos: Os boasianos "estritos" (**Leslie Spier**, Robert Lowie e Melville Herskovits); os boasianos "evoluídos" (**Ruth Benedict** e **Margaret Mead**) e ainda os boasianos "rebeldes" (Kroeber, **Paul Radin** e Edward Sapir). Mas é bom destacar que "Desenvolver-se ou rebelar-se, porém, significava ressaltar um aspecto dos pressupostos admitidos por Boas e levá-lo mais além do que o próprio Boas aceitaria" (Stocking, 2004: 35).

Lowie (1949) desenvolveu de forma sistemática a crítica à ideia de evolução, por exemplo. Depois aplicou um desenvolvimento a partir da abordagem boasiana da história em termos de distribuição geográfica de elementos de cultura – estudos da década de 1920 e distribuição de características da década de 1930, como vimos no capítulo "Difusionismo como alternativa". A segunda fase deu-se com o desenvolvimento da ideia de "gênio de um povo" e resultou em estudos de aculturação, de padrão de cultura e de cultura e personalidade: esses trabalhos estavam preocupados com a reconstrução histórica, estudo psicológico do processo cultural e integração cultural no presente.

Depois da década de 1930, veio a reação: a história começa a perder terreno para a ciência; exemplarmente demonstrado na separação efetuada por Kroeber entre história e ciência. Vieram também as críticas neoevolucionistas e suas preocupações com características universais, comparação e generalização. Mas ainda assim a influência de Boas é enorme: continuam relevantes hoje em dia a crítica de Boas aos pressupostos evolucionistas; a rejeição da ligação entre raça e cultura numa sequência hierárquica; a elaboração do conceito de cultura como estrutura relativista, pluralista, holística, integrada e historicamente condicionada.

O CONCEITO DE CULTURA PROPRIAMENTE DITO

Para Kuper (2002) são duas as linhas tradicionais aceitas de fundadores das concepções modernas de cultura: **Talcott Parsons** e Franz Boas. Parsons construiu uma genealogia chamada *A estrutura da ação social*, focada apenas em cientistas sociais. Parsons era um americano influenciado por Malinowski e pela teoria sociológica weberiana. Em 1926, foi para Harvard, onde buscou superar os pontos de vista conflitantes entre positivistas e idealistas.

Nas ciências sociais os empiristas mais sofisticados eram os utilitaristas na economia: se aferravam às leis de comportamento e motivação individual a partir de pressupostos racionalistas. Os idealistas reagiam a essas posições utilitaristas e negavam a existência de leis gerais do comportamento humano, ou seja, alegavam que todo período histórico tem suas próprias leis, e todas as culturas, suas próprias dinâmicas. Os debates entre positivistas e idealistas tinham muito em comum com as divergências entre os defensores de uma civilização material, progressiva e racional (positivistas) e os defensores da cultura (idealistas).

Mas Parsons insistia numa diferença: os cientistas sociais colocavam suas teorias à prova, o que levaria a um ponto comum. Para ele, tanto idealistas e utilitaristas estavam perdendo. Os primeiros não percebiam a ocorrência do pensamento racional e os segundos não percebiam a organicidade dos fenômenos: homens formulam ideias e se ligam a elas de formas subjetivas e não racionais; isto é, as pessoas nem sempre se comportam como seres racionais. Parsons identificou três positivistas que encaravam estes fatos: **T. H. Marshall**, **V. Pareto** e Durkheim.

Durkheim teria rompido, segundo Parsons, com a visão de que o indivíduo deveria ser tratado de forma isolada. A sociedade tem, assim, seus próprios interesses; se infiltraria na consciência e existiria apenas na mente dos indivíduos. Encarando os fatos, os pais do positivismo foram forçados a destruir suas próprias teorias, uma vez que as evidências empíricas tinham um papel preponderante. O substituto seria o idealismo e Durkheim tomou esse rumo em suas últimas obras – aqui Kuper pensa no livro *Formas elementares da vida religiosa* (2003). Mas também o idealismo desmoronaria. Como apreender as leis do comportamento e da história se vivemos num mundo de símbolos e valores e ideias, um complexo de significados? Esse complexo só pode ser apreendido intuitivamente pelo observador. Mas há um ponto fraco do idealismo: não consegue explicar a ação pragmática. Para Parsons, **Weber** e Durkheim chegaram ao limite do positivismo e do idealismo. Coube ao primeiro transcender este limite.

Parsons divide o mundo em três sistemas: social, psicológico e cultural, que interagem e várias disciplinas deveriam combinar suas ações.

Parsons criou um departamento interdisciplinar para institucionalizar sua teoria da ação e reorganizar as Ciências Sociais. A cultura seria objeto do sistema cultural, e seria composta de elementos simbólicos da tradição, das ideias e crenças, padrões de valor. A teoria cultural renunciaria à explicação do sistema social, e os antropólogos deveriam aceitar esta concepção e dedicar-se a estudá-la.

Em resposta a Parsons, os dois maiores antropólogos americanos do momento, alunos de Boas, Kroeber e Clyde Kluckhohn fizeram uma revisão das teorias antropológicas sobre cultura. Kluckhohn achava que a estrutura social deveria ser tratada como parte do sistema cultural e por isso era chamado de humanista por Parsons. O artigo de Kroeber e Kluckhohn (1952) tenta definir como os antropólogos veem a cultura. Elaboram uma genealogia: começa em Tylor (1871), para quem cultura é um todo complexo que abrange conhecimento, crença, arte, princípios morais, leis, costumes e hábitos. Depois, há 30 anos de silêncio. Entre 1900 e 1918, há apenas seis definições do conceito. Para os autores um dos problemas é que Boas demorou muito até dar as próprias definições de cultura (apenas no final de sua carreira). Mas entre 1920 e 1950, surgiram nada menos que 157 definições de cultura. De forma geral, as definições aprimoravam as ideias de Tylor.

Mas Kroeber e Kluckhohn defendiam que a ideia de cultura não deveria ser semelhante a uma lista de traços, mas, sim, a um todo integrado e estruturado, formado de partes interconectadas. Era preciso separar a cultura da sociedade (trata-se de ideias e não de instituições). As ideias que constituíam a cultura eram comunicadas e expressadas por símbolos. Isso é fundamental, já que as propriedades mais importantes da cultura seriam os valores cuja abordagem relativista distinguiria um enfoque antropológico de cultura. Assim, cultura consiste em padrões, explícitos e implícitos, em comportamento adquirido e transmitido por símbolos. Essa definição supostamente traria um rompimento: fugiria das origens filosóficas europeias e emergiria como discurso científico americano sobre cultura. Para Kroeber e Kluckhohn a concepção científica de cultura surge em oposição às concepções humanistas.

Para Stocking, entretanto, o verdadeiro fundador da teoria da cultura foi Franz Boas e não Tylor. Boas foi o ator fundamental em seu surgimento, embora possa não ter sido seu criador. O uso da palavra *cultura*, o qual deriva de Herder e Humboldt, no plural é o que marca a posição moderna da Antropologia, segundo Stocking. Para Kroeber e Kluckhohn, foram especificamente Ralph Linton e Margaret Mead que fizeram primeiramente esta distinção. A recusa de autores como Kroeber, Kluckhohn e Lowie, profundamente influenciados por Boas, em conceder a primazia do uso do conceito moderno de cultura a ele deve-se ao fato de que, caso o fizessem, deveriam admitir que a ideia remonta à escola de Etnologia de Berlim. A partir da década de 1930, Boas admite que – por influência de seus alunos Sapir, Benedict e Mead – o estudo histórico de uma cultura poderia ficar em segundo plano, sendo possível estudá-la sincronicamente e de forma funcionalista.

Mas quando a ideia antropológica de cultura atropelou os discursos oficiais? Para Stocking foi em 1911, quando Boas tem uma reviravolta relativista (lembremos que no mesmo ano Rivers anunciava sua virada difusionista). Deve-se procurar, então, essa "virada cultural", nos trabalhos dos alunos de Boas: para Lowie por exemplo, a cultura deveria ser explicada em si mesma, e não determinada por raça ou ambiente. Para Sapir a questão era romper com o conceito técnico de cultura, pois incorpora qualquer elemento socialmente herdado da vida do homem, material ou espiritual. Cultura seria o que dá lugar característico a um povo no mundo. Temos aqui já uma associação entre cultura e nação: é claramente uma retomada de uma ideia clássica de cultura (espírito nacional). Já para Ruth Benedict, a cultura aparece como construtora de "personalidades padrão", personalidades coletivas. Na obra de Margaret Mead vemos a reafirmação da visão historicista da cultura como um agrupamento frouxo e acidental de traços.

Para Kuper, entretanto, foi mesmo Parsons quem criou o espaço para uma concepção científico-social de cultura, ao colocar a ideia alemã dentro da sua teoria geral de ação social, como um sistema independente, convidando os antropólogos a estudá-la e desestimulando o estudo da Biologia, personalidade, instituições sociais e questões históricas. Muitos antropólogos ficaram relutantes.

Em 1958, Kroeber e Parsons redigiram um manifesto de demarcação de fronteiras, na forma de um artigo em conjunto, no qual concordam em distinguir sistemas sociais e culturais, e em estabelecer suas relações. Definiram cultura como o conteúdo transmitido e criado, padrões de valores, ideias e outros sistemas simbólicos significativos. Já o sistema social – sociedade – trata da interação de indivíduos e coletividades. Dois dos antropólogos mais importantes da segunda metade do século XX foram alunos de Parsons: **C. Geertz** e **D. Schneider**. Mas ambos questionaram a visão de Parsons e acabaram concentrando-se no estudo da cultura como algo autônomo, num modelo de explicação mais próximo do romantismo alemão boasiano que do modelo parsoniano.

Como parte final deste capítulo, vamos dar uma olhada mais detida nas definições da mais importante aluna de Boas, Ruth Benedict, no seu livro *Padrões de cultura* (Benedict, 2013). No capítulo "A ciência do costume", Benedict afirma que "A antropologia ocupa-se dos seres humanos como produtos da vida em sociedade" (Benedict, 2013: 13). O interesse recai, portanto, sobre as culturas humanas, procurando entender como elas se transformam e se diferenciam; como os costumes de quaisquer povos funcionam nas vidas dos indivíduos. Não há como ver o mundo livre de preconceitos, pois sempre o concebemos com o espírito condicionado por uma série de costumes e modos de pensar.

A vida individual seria uma acomodação aos padrões tradicionais transmitidos de geração em geração. O problema central seria, assim, entender o papel que o costume executa na vida do indivíduo. A Antropologia só surgiria efetivamente quando rompemos a distinção entre nós e os outros (bárbaros e nós). Para Benedict, até a primeira metade do XIX, o homem ocidental defendeu fervorosamente essa incomparabilidade. Devido a circunstâncias fortuitas a civilização ocidental teve uma expansão nunca antes vista e isso levou muitos a confundirem os valores desta civilização como os valores da humanidade. O homem branco confunde suas formas de costume e pensamento com a "natureza humana" e, desta forma, a dominação parece como inevitável. O branco equivale a natureza aos seus próprios padrões de cultura e tende a identificar os seus modos locais de comportamento com a natureza humana.

O costume, entretanto, demorou a ganhar na academia a importância fundamental que Benedict lhe dá, pois os pensadores não o percebiam como fonte da substância do pensar. O costume é a lente sem a qual nada podiam ver, aqui numa postura que nos lembra o texto de Montaigne. Para Benedict, os cientistas deveriam se dedicar a promover algum conhecimento de outras convenções e costumes e entender como podem ser diferentes dos nossos, para que a compreensão da nossa ordem social seja mais racional. Assim,

> a vida moderna pôs muitas civilizações em contacto íntimo, e no momento presente a reação dominante a esta situação é o nacionalismo e o snobismo racial. Nunca mais do que hoje, a civilização teve necessidade de indivíduos bem conscientes do sentido de cultura, capazes de verem objetivamente o comportamento socialmente condicionado de outros povos sem temor e sem recriminação. (Benedict, 2013: 23)

Nada da organização social tribal, da sua linguagem, da sua religião local é relacionado aos genes (ela dizia "célula geminal"). Isso explica como culturas mudam, a exemplo da migração, na qual grupos de imigrantes abandonam a cultura original em algumas gerações. É possível adotar outros costumes, sem limitações biológicas e a cultura não é um complexo que se transmita biologicamente. O que na verdade reúne e mantém juntos os homens é sua cultura e não podemos descobrir se tal ou qual comportamento é instintivo e organicamente determinado. Mas as culturas primitivas são laboratórios em que poderíamos estudar a diversidade de instituições humanas, segundo Benedict, já que a civilização moderna se tornou demasiado complexa para ser convenientemente analisada. Assim, Benedict, seguindo Boas, nega a história evolutiva, pois em qualquer lugar somos forçados a aceitar que as populações têm atrás de si uma história igualmente longa. Argumento depois retomado por Lévi-Strauss em *Raça e história*.

O que vemos nessa passagem é que Benedict, quando tenta definir cultura, o faz em termos de costumes, hábitos, formas de ver a vida. Ruth

Benedict, assim como outros alunos de Boas, por exemplo, Kroeber e Margaret Mead, tenderão a definir cultura em termos de padrões estritos, numa perspectiva superorgânica e quase suprassocietária (algo como a sociedade para Durkheim). Mas Boas, por sua vez, profundamente historicista, não fechava a ideia de cultura num conjunto muito organizado ou articulado. A cultura produziria costumes, que nos fariam ver o mundo de determinada forma: mas eles têm sua própria história e, de certa forma, estão no jogo da história. Essa definição conscientemente frouxa foi vista por seus sucessores como tímida e Kroeber, por exemplo, criticou duramente o orientador por essa postura. A ironia é que a renovação do conceito de cultura, realizada por alunos de Parsons (Geertz e Schneider) na segunda metade do século XX, recuperaria muito do não fechamento, da flexibilidade e mesmo do historicismo boasiano.

Autores citados e informações biográficas

Acosta, José (1539-1600) – Jesuíta e historiador espanhol.

Aguilar, Jerónimo (1489-1531) – Clérigo espanhol aprisionado por Maias e libertado por Cortez, a quem serviu como tradutor.

Anglería, P. M. (1457-1526) – Italiano, historiador do descobrimento e exploração das Américas.

Aristóteles (384 a.C.-322 a.C.) – Filósofo grego.

Bastian, Philipp Wilhelm Adolf (1826-1905) – Etnólogo alemão.

Beaumont, P. (1700-1778) – Missionário católico espanhol.

Benedict, Ruth (1887-1948) – Antropóloga norte-americana.

Bentham, Jeremy (1748-1832) – Filósofo e jurista britânico.

Boas, Franz Uri (1858-1942) – Antropólogo alemão que fez carreira nos EUA.

Brandão, Ambrósio Fernandes (1555-1618) – Senhor de engenho e escritor português.

Broca, Pierre Paul (1824-1880) – Médico e antropólogo francês.

Cardim, F. Fernão (1549-1625) – Jesuíta português e cronista sobre a história do Brasil.

Clastres, Pierre (1934-1977) – Antropólogo francês.

Comte, Auguste (1798-1857) – Filósofo francês.

Cook, James (1728-1779) – Explorador, navegador e cartógrafo inglês.

Coreal, Francisco (viveu, supostamente, entre o final do século XVII e começo do XVIII) – Biografia não conhecida. Há possibilidade de que não tenha existido e seja apenas um pseudônimo.

Cortez, Hernán (1485-1547) – Conquistador espanhol.

Cristóvão Colombo (1451-1506) – Navegador e explorador italiano (genovês).

Cumberland, Richard (1632-1718) – Filósofo inglês.

Cuvier, Georges (1769-1832) – Biólogo e naturalista francês.

Darwin, Charles Robert (1809-1882) – Naturalista, geólogo e biólogo britânico.

Defoe, Daniel (1660-1731) – Escritor e jornalista inglês.

Descartes, René (1596-1650) – Filósofo e matemático francês.

Durkheim, David Émile (1858-1917) – Sociólogo e antropólogo francês.

Elliott, John Huxtable (1930-2022) – Historiador britânico.

Engels, Friedrich (1820-1895) – Empresário industrial e teórico revolucionário prussiano.

Estrabão (circa 63 a.C.-circa 24) – Geógrafo, historiador e filósofo grego.

Evans-Prichard, Edward Evan (1902-1973) – Antropólogo inglês.

Febvre, Lucien Paul Victor (1878-1956) – Historiador francês.

Fernandes, Florestan (1920-1995) – Sociólogo e político brasileiro.

Fison, Lorimer (1832-1907) – Antropólogo australiano.

Forster, Georg (1754-1794) – Naturalista e jornalista alemão.

Frazer, James George (1854-1941) – Antropólogo e mitólogo inglês.

Frobenius, Leo (1873-1938) – Etnólogo alemão.

Gandavo, Pêro de Magalhães (circa 1540-circa 1580) – Historiador e cronista português.

Geertz, Clifford James (1926-2006) – Antropólogo norte-americano.

Gerland, Georg Cornelius Karl (1833-1919) – Antropólogo alemão.

Gomara, Francisco López de (1511-1566) – Eclesiástico e historiador espanhol.

Graebner, Robert Fritz (1877-1934) – Geógrafo e etnólogo alemão.

Grotius, Hugo (1583-1645) – Jurista holandês.

Haddon, Alfred Cort (1855-1940) – Antropólogo britânico.

Harris, Marvin (1927-2001) – Antropólogo norte-americano.

Hegel, Friedrich (1770-1831) – Filósofo germânico.

Herder, Johann Gottfried (1744-1803) – Filósofo e escritor alemão.

Heródoto (485 a.C.-425 a.C.) – Historiador e geógrafo grego.

Herrera, Antonio de (1549-1626) – Cronista e historiador espanhol.

Herskovits, Melville Jean (1895-1963) – Antropólogo norte-americano.

Hobbes, Thomas (1588-1679) – Filósofo inglês.

Hocart, Arthur Maurice (1883-1939) – Antropólogo britânico, nascido na Bélgica.

Humboldt, Alexander (1769-1859) – Geógrafo germânico.

Humboldt, Wilhelm (1767-1835) – Diplomata e filósofo prussiano.

Irving, Washington (1783-1859) – Historiador e escrito norte-americano.

Jaboatão, Frei Antônio de Santa Maria (1695-1779) – Frade franciscano e historiador brasileiro.

Jones, William (1746-1794) – Jurista e linguista britânico.

Kant, Immanuel (1724-1804) – Filósofo germânico.

Khaldun, Ibn (1332-1406) – Astrônomo, economista, historiador, matemático e erudito árabe.

Kluckhohn, Clyde (1905-1960) – Antropólogo norte-americano.

Kroeber, Alfred Louis (1876-1960) – Antropólogo norte-americano.

Lafitau, Joseph-François (1681-1746) – Missionário jesuíta francês que trabalhou no Canadá. Descreveu a vida de povos da América do Norte.

Lahontan, Louis Armand (1666-1716) – Militar francês que serviu no Canadá. Escreveu livros sobre seu tempo na América do Norte.

Las Casas, Bartolomeu de (1474 ou 1484-1566) – Frade dominicano espanhol, cronista e defensor dos indígenas.

Léry, Jean de (1534-1611) – Missionário e religioso francês.

Lévi-Strauss, Claude (1908-2009) – Antropólogo francês (embora nascido na Bélgica). Considerado o maior de todos os antropólogos.

Linton, Ralph (1893-1953) – Antropólogo norte-americano, nascido na Áustria.

Locke, John (1632-1704) – Filósofo inglês, expoente do liberalismo.

Lowie, Robert Harry (1883-1957) – Antropólogo norte americano, nascido na Áustria.

Lubbock, John (1834-1913) – Banqueiro, político e antropólogo britânico.

Maine, Henry James Sumner (1822-1888) – Historiador e antropólogo inglês.

Malinche (1496-1529 ou 1551) – Também chamada de Malintzin e Doña Marina, indígena da etnia nahua que serviu como tradutora de Hernán Cortés.

Malinowski, Bronisław Kasper (1884-1942) – Antropólogo polonês, considerado um dos fundadores da Antropologia social contemporânea.

Malthus, Thomas Robert (1766-1834) – Economista britânico.

Marshall, Thomas Humphrey (1893-1981) – Sociólogo britânico.

Mason, Otis Tufton (1838-1908) – Etnólogo norte-americano.

Mauss, Marcel (1872-1950) – Sociólogo e antropólogo francês.

McLennan, John Ferguson (1827-1881) – Advogado e antropólogo escocês.

Mead, Margaret (1901-1978) – Antropóloga norte-americana.

Métraux, Alfred (1902 - 1963) – Antropólogo de origem suíça.

Mill, James (1773-1836) – Historiador e filósofo escocês.

Montaigne, Michel Eyquem (1533-1592) – Jurista, político, filósofo, escritor e humanista francês.

Montesquieu, Charles-Louis de Secondat (1689-1755) – Filósofo, político e escritor francês.

Montezuma II (circa 1466-1520) – Governante asteca. Governou entre 1502 e sua morte em 1520.

Morgan, Lewis Henry (1818-1881) – Antropólogo norte-americano.

Morison, Samuel Eliot (1887-1976) – Militar e historiador norte-americano.

Müller, Friedrich Max (1823-1900) – Linguista e mitólogo alemão.

Navarrete, Martín Fernández de (1765-1844) – Político e historiador espanhol.

Nóbrega, Manuel da (1517-1570) – Jesuíta português.

O'Gorman, Edmundo (1906-1995) – Historiador mexicano.

Oviedo (1478-1557) – Historiador e escritor espanhol.

Pareto, Vilfredo (1848-1923) – Cientista político, sociólogo e economista italiano.

Parsons, Talcott Edgar Frederick (1902-1979) – Sociólogo norte-americano.

Perry, William James (1887-1949) – Antropólogo inglês.

Platão (circa 428 a.C-circa 348 a.C.) – Filósofo e matemático grego.

Popkin, Richard Henry (1923-2005) – Filósofo norte-americano.

Powell, John Wesley (1834-1902) – Geólogo e explorador do oeste norte americano.

Prichard, James Cowles (1786-1848) – Médico e etnólogo britânico.

Pufendorf, Samuel (1632-1694) – Jurista alemão.

Radcliffe-Brown, Alfred Reginald (1881-1955) – Antropólogo britânico.

Radin, Paul (1883-1959) – Antropólogo norte-americano.

Ratzel, Friedrich (1844-1904) – Geógrafo e etnólogo alemão.

Ricardo, David (1772-1823) – Economista e político britânico.

Ritter, Carl (1779-1859) – Geógrafo e naturalista prussiano.

Rivers, William Halse (1864-1922) – Antropólogo e médico inglês.

Robertson, William (1721-1793) – Historiador escocês.

Rousseau, Jean-Jacques (1712-1778) – Filósofo e teórico político francês.

Sahlins, Marshall (1930-2021) – Antropólogo norte-americano.

Saint-Simon, Claude-Henri de Rouvroy (1760-1825) – Filósofo e economista francês.

Salvador, Frei Vicente do (circa 1564-circa 1636-1639) – Franciscano brasileiro e cronista da história do Brasil.

Santo Agostinho (354- 430) – Principal teólogo e filósofo nos primeiros séculos do cristianismo, nascido no que hoje é a Argélia (então uma província do Império Romano).

Sapir, Edward (1884-1939) – Antropólogo e linguista norte americano.

Schmidt, Wilhelm (1868-1954) – Etnólogo e linguista austríaco.

Schneider, David Murray (1918-1995) – Antropólogo norte-americano.

Seligman, Charles Gabriel (1873-1940) – Médico e etnólogo britânico.

Sepúlveda. Juan Ginés de (1489-1573) – Filósofo espanhol.

Smith, Adam (1723-1790) – Filósofo e economista britânico nascido na Escócia.

Smith, Grafton Elliot (1871-1937) – Antropólogo e egiptólogo australiano.

Smith, William Robertson (1846-1894) – Orientalista escocês, estudioso do Antigo Testamento.

Spencer, Herbert (1820-1903) – Filósofo, biólogo e antropólogo inglês.

Spier, Leslie (1893-1961) – Antropólogo norte-americano.

Staden, Hans (1525-1576) – Aventureiro alemão.

Starobinski, Jean (1920-2019) – Crítico literário e historiador suíço.

Steward, Julian Haynes (1902-1972) – Antropólogo norte-americano.

Stocking Jr, George W. (1928-2013) – Historiador da Antropologia nascido na Alemanha.

Thevet, Frei André (1502-1590) – Frade franciscano francês e escritor que viajou ao Brasil no século XVI.

Todorov, Tzvetan (193 -2017) – Filósofo e linguista búlgaro.

Tylor, Edward Burnett (1832-1917) – Antropólogo britânico.

Vespúcio, Américo (1451-1512) – Navegador e geógrafo italiano.

Vico, Giambattista (1668-1744) – Filósofo e jurista italiano.

Virchow, Rudolf Ludwig Karl (1821-1902) – Médico, antropólogo e político alemão.

Wallace, Alfred Russel (1823-1913) – Geógrafo, antropólogo e biólogo britânico.

Weber, Maximilian Karl Emil (1864-1920) – Sociólogo alemão considerado um dos fundadores da Sociologia.

Wheeler, Robert Eric Mortimer (1890- 1976) – Arqueólogo britânico.

Wissler, Clark David (1870-1947) – Antropólogo norte-americano.

Wolf, Eric Robert (1923-1999) – Antropólogo norte-americano.

Notas

[1] Uso aqui o título mais conhecido do texto de Rousseau, mas a obra usada como referência para as citações tem uma tradução ligeiramente diferente.

[2] "Suas residências constituem-se de barracões com capacidade para duzentas a trezentas pessoas e são edificadas com troncos e galhos de grandes árvores enfiados no solo e se apoiando uns nos outros na cumeada, à semelhança de certos celeiros nossos cujos tetos descem até o chão fechando os lados" (Montaigne, 1972: 106).

[3] Historiadora brasileira, nascida em 1953, foi professora na USP e atualmente leciona na Universidade de Sorbonne, na França.

[4] O *Cosmographiae Introductio* é um livro publicado em 1507 por Martin Waldseemüller, em que aparece o mapa *Universalis Cosmographia*, que consta o primeiro registro do nome "América".

[5] Uma das versões dos vários mitos sobre o deus "Serpente Emplumada" (Quetzalcoatl) diz que ele voltaria ao México em pessoa uma segunda vez, na forma de um humano barbado. Há indícios de que Cortez tenha se aproveitado desse mito para se fazer passar por Quetzalcoatl.

[6] Sobre o debate, ver Sánchez (2004).

[7] Autores que serão conhecidos como funcionais-estruturalistas, na primeira metade do século XX.

[8] Comumente chamados de "evolucionistas vitorianos", poderíamos incluir Lewis Henry Morgan nesse grupo, em função do diálogo estabelecido com John Ferguson McLennan e Edward Burnett Tylor, principalmente. Assim, para efeitos didáticos, tomo Morgan também como parte desse grupo, seguindo algo das indicações de Almeida (2010).

[9] Para uma visão mais nuançada do evolucionismo peculiar de Tylor, ver Rosa (2010). Para Rosa, Tylor propunha uma escala não exatamente evolutiva, mas cumulativa, em que certos elementos primitivos poderiam ser encontrados em várias sociedades. Menos uma escala unilinear e mais uma busca arqueológica por padrões universais do pensamento religioso, segundo essa perspectiva.

[10] Em artigo de Robert Fisk (2009), vemos uma faceta diferente de Leo Frobenius, descrito como o Lawrence da Arábia frustrado, como um escroque de fama duvidosa. Ver Fisk.

Bibliografia

ACOSTA, J. de. *Historia natural y moral de las Indias*. Mexico: FCE, 1962.
AGNOLIN, A. "Antropofagia ritual e identidade cultural entre os Tupinambá". *Revista de Antropologia*. v. 45, n. 1, 2002.
ALMEIDA, M. W. B. "Lewis Morgan: 140 anos dos Sistemas de consanguinidade e afinidade da família humana (1871-2011)". *Cadernos de Campo*. v. 19, n. 19, 2010, pp. 309-322.
ALVES, F. D.; NETO, D. P. "O legado teórico-metodológico de Karl Ritter: contribuições para a sistematização da geografia". *Geo Uerj*. v. 2, n. 20, 2009, pp. 48-63.
ANDRADE, L. F. N.; SAHD, S. "Utilidade e obrigação no pensamento moral de Richard Cumberland". *Pensando-Revista de Filosofia*. n. 7, v. 14, 2016, pp. 76-89.
ANGLERÍA, P. M. *Décadas del nuevo mundo*. Buenos Aires: Editorial Bajel, 1944, v 1.
BARNARD, A. *History and Theory in Anthropology*. Cambridge: Cambridge University Press, 2000.
BARNES, J. *Aristóteles*. São Paulo: Loyola, 2005.
BEAUMONT, P. *Crónica de Michoacán*. Cidade do México: Secretaría de Gobernación, 1932.
BENEDICT, R. *Padrões de cultura*. Petrópolis: Vozes, 2013.
BISSIO, B. *O mundo falava árabe*: a civilização árabe-islâmica clássica através da obra de Ibn Khaldun e Ibn Battuta. Rio de Janeiro: Civilização Brasileira, 2012.
BOAS, F. Sobre os Sons Alternantes. In: BOAS, Franz. *A formação da antropologia americana*. Org. e introdução: G. W. Stocking Jr. Rio de Janeiro: Contraponto/Editora UFRJ, 2004b.
_____ et al. *A formação da antropologia americana, 1883-1911*: antologia. Rio de Janeiro: Contraponto/Editora da UFRJ, 2004.
BOON, J. A. *Other Tribes, Other Scribes*: Symbolic Anthropology in the Comparative Study of Cultures, Histories, Religions, and Texts. Cambridge: Cambridge University Press, 1983.
BRANDÃO, A. F.; MELLO, J. A. G.; SILVA, L. D. *Diálogos das grandezas do Brasil*. Rio de Janeiro: Dois Mundos, 1943.
BUNZL, M. Franz Boas and the Humboldtian Tradition: Volksgeist as Method and Ethic. In: STOCKING, G. W. Jr. (org.). *Essays on Boasian ethnography and the german anthropological tradition*. Madison: University of Wisconsin Press, 1996, pp. 117-78.
CAMPBELL, B. Montaigne and Rousseau's First Discourse. *The Western Political Quarterly*, v. 28, n. 1, 1975, pp. 7-31.
CARDIM, F. *Tratado de terra e gente do Brasil [1584]*. Belo Horizonte: Itatiaia, 1925.
CARNEIRO DA CUNHA, M.; VIVEIROS DE CASTRO, E. "Vingança e temporalidade: os Tupinambás". *Anuário Antropológico*. v. 85, 1986, pp. 57-78.
CASTRO, C. Apresentação. In: CASTRO, Celso (org.). *Evolucionismo cultural*. Rio de Janeiro: Jorge Zahar, 2005.
CLASTRES, H. *Terra sem mal*: o profetismo tupi-guarani. São Paulo: Brasiliense, 1978.
CLASTRES, P. *A sociedade contra o Estado*. São Paulo: Cosac&Naify, 2014.

COLOMBO, C. *The Journal of Christopher Columbus*. London: Anthony Blond, 1968.
COMTE, A. *Curso de filosofia positivista*. São Paulo: Abril Cultural, 1983. (Col. Os Pensadores.)
COREAL, F. *Voyages aux indes occidentales*: contenant ce qu'il y a vû de plus remarquable pendant son séjour depuis 1666 jusqu'en 1697. Amsterdam: J. Frederic Bernard, 1722.
CUMBERLAND, Richard. *A treatise of the laws of nature*. Indianapolis: Liberty Fund, 2005.
DAMPIER, W. *A New Voyage Round the World*. London: Argonaut Press, 1927.
DEFOE, D. *As aventuras de Robinson Crusoé*. São Paulo: Ática, 2001.
DESCARTES, R. *Os pensadores*. São Paulo: Abril Cultural, 1979.
DESERTO, J.; PEREIRA, S. D. H. M. *Estrabão. Geografia. Livro III*: introdução, tradução do grego e notas. Coimbra: Imprensa da Universidade de Coimbra, 2016.
DURKHEIM, E. *As formas elementares da vida religiosa*. São Paulo: Martins Fontes, 2003.
ELLIOTT, J. H. *The Old World and the New, 1492-1650*. Cambridge: Cambridge University Press, 1992.
ENGELS, F. *A situação da classe trabalhadora na Inglaterra*. São Paulo: Boitempo, 2008.
ERIKSEN, T. H.; NIELSEN, F. S. *História da Antropologia*. Petrópolis: Vozes, 2007.
FEBVRE, L. *O problema da incredulidade no século XVI*: a religião de Rabelais. São Paulo: Companhia das Letras, 2009.
FERNANDES, F. *A função social da guerra na sociedade tupinambá*. São Paulo: Globo, 2006. E-book.
FISK, R. The German Lawrence of Arabia had much to live up to – and failed. The victors write the history, so Frobenius's adventures are today virtually unknown. *The Independent*. 2009. Disponível em <Link: http: //www.independent.co.uk/voices/commentators/fisk/robert-fisks-world-the-german-lawrence-of-arabia-had-much-to-live-up-to-ndash-and-failed-1816593. html.>. Acesso em: 27 de setembro de 2022.
FISON, L.; HOWITT, A. W. *Kamilaroi and Kurnai. Group-marriage and relationship and marriage by elopement drawn chiefly from the usage of the australian aborigines. also the Kurnai tribe their customs in peace and war*. Melbourne: George Robertson, 1880.
FORSTER, G. *A Voyage Round the World*. Honolulu: University of Hawaii Press, 2000.
FRAZER, J. G. *Totemism*. Edimburgo: A. & C. Black, 1887.
GANDAVO, P. M. *Tratado da terra do Brasil*: história da província Santa Cruz. Belo Horizonte: Itatiaia, 1980.
GEANA, G. Discovering the whole of humankind: the genesis of anthropology through the Hegelian looking-glass. In: VERMEULEN, H.; ROLDAN, A. A. (eds.). *Fieldwork and footnotes*: studies in the history of European anthropology. London: Routledge, 1995.
GILLISPIE, C. C. *The Edge of Objectivity*: an Essay in the History of Scientific Ideas. Princeton: Princeton University Press, 1960, v. 52.
GOMARA, Francisco Lopez de. *Historia general de las Indias y vida de Hernán Cortés*. Caracas: Biblioteca Ayacucho, 1979, v. 1.
GROTIUS, H. *O Direito da guerra e da paz*. Ijuí: Unijui, 2004, v. 1.
HARRIS, M. *The Rise of Anthropological Theory*: A History of Theories of Culture. New York: AltaMira Press, 2001.
HERDER, J. G. *Ensaio sobre a origem da linguagem*. Lisboa: Antígona, 1987.
HERÓDOTO. *História*. Brasília: Editora Universidade de Brasília, 1988.
HERRERA, A. de. *Historia General de los hechos de los Castellanos en las Islas i Tierra Firme del Mar Oceano escrita por Antonio de Herrera coronista mayor de Sv Md. de las Indias y sv coronista de Castilla*: en cuatro decadas desde el Ano de 1492 hasta el de 1531. Madrid: Imprensa Real, 1601.
HERSKOVITS, M. *Man and his Works. Antropologia Cultural*. São Paulo: Editora Mestre Jou, 1963, t. 1.
HOBBES, T. *Leviatã*: matéria, forma e poder de um estado eclesiástico e civil. São Paulo: LeBooks, 2019.
HUMBOLDT, A. *Cosmos*: essai d'une description physique du monde. Paris: Utz Editions, 2000, 2v.
IONESCU, G. *The Political thought of Saint-Simon*. Oxford: Oxford University Press, 1976.
IRVING, W. *The Life and Voyages of Christopher Columbus*. London: John Murray, 1828.
JABOATÃO, A. S. M. *Novo orbe seráfico brasílico ou Chronica dos frades menores da província do Brasil (Partes 1 e 2)*. Rio de Janeiro: Tipografia Brasiliense de Maximiano Gomes Ribeiro, 1858.
KANT, I. *Crítica da razão pura e outros textos filosóficos*. São Paulo: Abril Cultural, 1974.
KERFERD, G. B. *O movimento sofista*. São Paulo: Loyola, 2003.
KROEBER, A. L. *Cultural and Natural Areas of Native North America*. Berkeley: University of California Press, 1939.
_____; KLUCKHOHN, C. *Culture*: A Critical Review of Concepts and Definitions. Harvard: Harvard University, 1952.
_____, PARSONS, T. The Concepts of Culture and of Social System. *American Sociological Review*. v. 23, n. 5, 1958, pp. 582-3.

KUKLICK, H. The British Tradition. In: KUKLICK, H (org.) *New History of Anthropology*. New York: John Wiley & Sons, 2009.
KUPER, A. *The Invention of Primitive Society*: transformations of an illusion. London: Routledge, 1988.
_____. *Cultura*: a visão dos antropólogos. Bauru: Edusc, 2002.
LAFITAU, J. F. *Moeurs des sauvages amériquains comparées aux moeurs des premiers temps*. Paris: Saugrain l'aîné & Hochereau, 1724.
LAHONTAN, L.-A. *Nouveaux Voyages de Mr. Le Baron de Lahontan*. Sidney: Wentworth Press, 2018, 2v.
LAS CASAS, B. *Brevíssima relação da destruição das Índias*: o paraíso destruído: a sangrenta história da conquista da América espanhola. Porto Alegre: L&PM, 1991.
LÉRY, J. *Viagem à terra do Brasil*. Rio de Janeiro: Biblioteca do Exército Editora, 1961.
LESTRINGANT, F. "O Brasil de Montaigne". *Revista de Antropologia*, v. 49, n. 2, 2006, pp. 515-56.
LÉVI-STRAUSS, C. *Antropologia estrutural dois*. Rio de Janeiro: Tempo Brasileiro, 1976.
_____. *A noção de estrutura em etnologia; raça e história; totemismo hoje*. São Paulo: Abril Cultural, 1980.
_____. Releyendo Montaigne. *História de lince*. Barcelona: Anagrama, 1992, pp. 190-203.
LIEBERSOHN, H. Anthropology before anthropology. In: KUKLICK, H. (org.). *New History of Anthropology*. New York: John Wiley & Sons, 2009.
LINTON, R. *O homem*: uma introdução à antropologia. São Paulo: Martins, 1971.
LOCKE, J. *Ensaio acerca do entendimento humano*. São Paulo: Nova Cultural, 1997.
LOWIE, R. H. *Primitive Society*. New York: Routledge & K. Paul, 1949.
MACHADO, I. J. R. A lusofonia na mídia portuguesa, o caso da comemoração dos 500 anos brasileiros. *Convergência Lusíada*, Rio de Janeiro, v. 19, 2002, pp. 193-206.
MAINE, H. S. *Ancient Law*. London: J.M. Dent & Sons, 1917.
MARCONDES, Do. "Montaigne, a descoberta do Novo Mundo e o ceticismo moderno". *Kriterion: Revista de Filosofia*, v. 53, n. 126, 2012, pp. 421-33.
MAUSS, Marcel. *Ensaios de Sociologia*. São Paulo: Perspectiva, 1999.
MCCOY, M. *Platão e a retórica de filósofos e sofistas*. Trad. Lívia Oushiro. São Paulo: Madras, 2010, pp. 87-94.
MCLENNAN, J. F. *Primitive Marriage*: an Inquiry into the Origin of the form of Capture in Marriage Ceremonies. New York: Nabu Press, 2010.
MELLO E SOUZA, L. *O diabo e a Terra de Santa Cruz*. São Paulo: Companhia da Letras, 1986.
MERCIER, P. *História da Antropologia*. Rio de Janeiro: Eldorado, 1974.
MÉTRAUX, A. *Religions et magies indiennes d'Amérique du sud*. Paris: Gallimard, 1967.
MONTAIGNE, M. D. *Dos canibais*. São Paulo: Alameda, 2009.
_____. *Dos coches. Ensaios*. São Paulo: Abril Cultural, 1972a.
_____. *Ensaios*. São Paulo: Abril Cultural, 1972b.
MONTESQUIEU. *O espírito das leis*. São Paulo: Martins Fontes, 2000.
MORGAN, L. H. *Systems of consanguinity and affinity of the human family*. Lincoln: University of Nebraska Press, 1997.
MORISON, S. E.; RAISZ, E.; GREENE, B. *Admiral of the Ocean Sea*: a life of Christopher Columbus. Boston: Little, Brown and Co., 1942.
NAVARRETE, M. F. De. *Colección de los viages y descubrimientos que hicieron por mar los españoles desde fines del siglo 15*. Madrid: Imprenta Nacional, 1837.
NÓBREGA. Ao Pe Miguel de Torres, Provincial de Portuga. In: LEITE, S. *Novas cartas jesuíticas*: de Nóbrega a Vieira. São Paulo: Editora Nacional, 1940.
O'GORMAN, E. *A invenção da América*: reflexão a respeito da estrutura histórica do novo mundo e do sentido do seu devir. São Paulo: Edunesp, 1992.
OVIEDO, G. F. *Historia general y natural de las Indias*: islas y tierrafirme del mar oceano. Madrid: Real Academia de la Historia, 1853.
PIMENTA, P. P. "Lévi-Strauss, Rousseau e o fim da filosofia". *Ponto Urbe*, v. 15, 2004, pp. 2-8.
PIRATELI, M. R. "O conceito de Homem em Santo Agostinho". VIII Jornada de Estudos Antigos e Medievais & I Jornada Internacional de Estudos Antigos e Medievais. *Anais da Jornada de Estudos Antigos e Medievais*, Maringá, 2009, pp. 1-15.
POPKIN, R. H. *A história do ceticismo de Erasmo a Spinoza*. Rio de Janeiro: Francisco Alves, 2000.
PRICHARD, J. C. *Researches into the Physical History of Mankind*: Ethnography of Europe. London: Sherwood, Gilbert & Piper, Paternoster Row, 1841.
PUFENDORF, S. *Os deveres do homem e do cidadão*. Rio de Janeiro: Topbooks, 2007.
RADCLIFFE-BROWN, A. R *Structure and Function in Primitive Society*. London: Cohen & West, 1952.

RIVERS, W. R. C. "A Genealogical Method of Collecting Social and Vital Statistics". *Journal of the Anthropological Institute of Great Britain and Ireland*, v. 30, 1900, pp. 74-82.

_____. *A antropologia de Rivers*. Org. Roberto Cardoso de Oliveira. Campinas: Editora da Unicamp, 1991.

ROBERTSON, W. *The History of America*. Edinburgh: Strahan; T. Cadell; and J. Balfour, 1783.

ROSA, F. D. "Edward Tylor e a extraordinária evolução religiosa da humanidade". *Cadernos de Campo* v. 19, n. 19, 2010, pp. 297-308.

ROUSSEAU, J. J. *A origem da desigualdade entre os homens*. São Paulo: Abril Cultural, 1973.

_____. *As confissões*. 2. ed. São Paulo: Atena, 1959, 2v.

SAHLINS, M. *Esperando Foucault, ainda*. São Paulo: Cosac & Naify, 2013.

SALVADOR, F. V. *História do Brasil: 1500-1627*. Belo Horizonte: Itatiaia, 1982, v. 49.

SÁNCHEZ, A. M. "Todas las gentes del mundo son hombres. El gran debate entre Fray Bartolomé de las Casas (1474-1566) y Juan Ginés de Sepúlveda (1490-1573)". *Anales del Seminario de Historia de la Filosofía*, v. 21, 2004, pp. 91-134.

SILVA, M. F. 1871: o ano que não terminou. *Cadernos de Campo* v. 19, 2010, pp. 323-36.

STADEN, H. *Duas viagens ao Brasil*. Porto Alegre: L&PM , 2007.

STAROBINSKI, J. *Jean-Jacques Rousseau*: a transparência e o obstáculo. São Paulo: Companhia das Letras, 1991.

STOCKING Jr., G. W. Os pressupostos básicos da antropologia de Boas. In: BOAS, Franz. *A formação da antropologia americana*. Org. e introdução: G. W. Stocking Jr. Rio de Janeiro: Contraponto/Editora UFRJ, 2004.

STOCKING, G. W. *Victorian Anthropology*. New York: Free Press, 1987.

THEVET, A. *Singularidades da França Antarctica*: a que outros chamam de América. São Paulo: Companhia Editora Nacional, 1944, v. 229.

TODOROV, T. *A conquista da América*: a questão do outro. São Paulo: Martins Fontes, 1982.

TYLOR, E. B. *Primitive Culture*: Researches into the Development of Mythology, Philosophy, Religion, Art and Custom. London: Bradbury, Evans, And Co., 1871, v. 2.

_____. *Anthropology: an Introduction to the Study of Man and Civilization*. New York: D. Appleton and Co., 1888.

VESPUCIO, A. *El nuevo mundo. Cartas relativas a sus viajes y descubrimientos*. Buenos Aires: Editorial Nova. 1951.

_____. *Fragmentos del nuevo mundo*. Buenos Aires: Elaleph 2000.

VICO, G. *Princípios de uma ciência nova*: acerca da natureza comum das nações. São Paulo: Abril Cultural, 1979. (Col. Os Pensadores.)

VINCENT, J. *Anthropology and Politics*: Visions, Traditions, and Trends. Tucson: University of Arizona Press, 1994.

WALLACE, A. R. *Viagens pelos rios Amazonas e Negro*. Belo Horizonte: Itatiaia, 1979.

WITHEY, L. *Voyages of Discovery*: Captain Cook and the Exploration of the Pacific. Berkeley: University of California Press, 1989.

O autor

Igor José de Renó Machado é antropólogo, formado pela Universidade Estadual de Campinas (Unicamp) (graduação, mestrado e doutorado) e é professor titular do Departamento de Ciências Sociais e da pós-graduação em Antropologia Social da Universidade Federal de São Carlos (UFSCar). Tem publicado livros sobre temas diversos, com destaque para o tema das migrações, além de livros didáticos para o ensino médio.